开篇岭南

寻迹古南越国

安石榴 著

南方日报出版社
NANFANG DAILY PRESS
中国·广州

图书在版编目（CIP）数据

开篇岭南 ：寻迹古南越国 / 安石榴著. -- 广州：南方日报出版社，2024.1
ISBN 978-7-5491-2722-1

Ⅰ. ①开… Ⅱ. ①安… Ⅲ. ①南越(古族名)－民族历史－研究 Ⅳ. ①K289

中国国家版本馆 CIP 数据核字(2024)第 017586 号

KAIPIAN LINGNAN
开篇岭南：寻迹古南越国

著　　者：安石榴
出版发行：南方日报出版社
地　　址：广州市广州大道中 289 号
出 版 人：周山丹
责任编辑：刘志一　黄敏虹
责任技编：王　兰
装帧设计：肖晓文
责任校对：熊丽思
经　　销：全国新华书店
印　　刷：佛山市浩文彩色印刷有限公司
开　　本：889mm×1194mm　1/32
印　　张：6.625
字　　数：138 千字
版　　次：2024 年 1 月第 1 版
印　　次：2024 年 1 月第 1 次印刷
定　　价：48.00 元

投稿热线：（020）87360640　　读者热线：（020）87363865

目录

起

起：能立也。
——《说文解字》

引子

公元前203年，岭南有史以来第一个国家——南越国，如同一颗无人觉察的星辰凌空出世。其时，如日中天的大秦帝国已轰然陨落，楚汉之争的漫天烟云行将消散，大国新星西汉王朝正在万众瞩目中冉冉升起。谁也意想不到在遥远而不起眼的南方，竟然有一颗微小却光亮的星斗，借机抢占了历史天空的一角。

在天时地利的助力下，于苍茫时局之中应运而生的南越国，其版图以秦朝的南海、桂林、象三郡之地为基础，北依南岭，东连闽越（今福建境内），南至交趾（今越南北部），西通夜郎（今贵州西部、北部，以及云南东北、四川南部与广西北部部分地区）、句町（今云南境内），疆域范围包括今天广东、广西的大部分地区，福建、贵州、云南的小部分地区以及越南的中北部，在政制上沿袭秦朝的郡县制分设南海、桂林、交趾、九真四郡，都城设于南海郡的番禺（今广州）。此后，南越国和辑百越，奉诏汉室，里通中原，外拓河海，谱写了近百年岭南自治的光辉篇章，同时也拉开了两千多年前岭南社会政治、经济、文化发展的辉煌一幕。

南越国的缔造者和首任君主，并非南方越人，而是一位来自中原的汉人，大名赵佗，本为秦朝统一岭南时出征并留守的主要将领。赵佗，巨鹿郡东恒县（今河北正定县）人，约出生于公元前240年（以下按这一年计），少壮入伍，21岁被任命为“南平百越”的统领副将，36岁于岭南建立南越国，定都番禺，在位67年，逝世时年103岁，被称为中国唯一的“百岁”君王。南越国历时计93年，传五主，二主赵胡（赵昧），在位16年；三主赵婴齐，在位约10年；四主赵兴、五主赵建德，总共在位约3年。赵佗在位的时间比南越立国历史的三分之二还多，被誉为“南天一柱”。接下来的四位君主不过是南越国转向衰落至灭亡之间的勉力维持者和苟延残喘者。西汉元鼎六年（公元前111年），汉武帝派兵平定南越，将岭南彻底划归大汉版图，独踞一方的一代王国——南越国自此灰飞烟灭，成为遗落于历史星河中一颗曾经灿烂夺目的星辰。

赵佗

南越国开创了岭南历史上一个空前兴盛的时代，对后世及地方有不可磨灭的作用与影响。而赵佗这个闪光的名字，不仅与南越国紧密相连、不可分割，而且对古代岭南的生产和文明萌发也有举足轻重的影响，是当之无愧的“开发岭南第一人”，他在这片土地上遗留了不少贯穿物质与文化的珍奇瑰宝，直至今天仍然有着身后的未解之谜。南越国留下的最大的谜团，或许就是至今依然无从探知赵佗的埋身之地，历代不知有多少人试图寻找他的墓穴，纵然踏遍广州，掘地三尺也一无所获。20世纪80年代初，广州象岗发现了南越二主赵胡陵墓，90年代中期又于广州老城区发现了南越国宫署遗址，通过细致深入的发掘研究，许多关于南越国的奥秘得以层层揭开。

纵观华夏大地上的国家或朝代发展史，自公元前2000年左右的夏朝开始，经历两周两汉、三国二晋、南北朝、五代十国这些割据分治和政权更迭的纷争时代，岭南地区出现的国家，继南越国之后，唯有五代十国中的南汉国。南汉国作为一个羸弱的小国，虽然对岭南地区的经济文化发展起到了一定的推动作用，但较之南越国于斯开天辟地的光辉，无疑要黯淡许多，充其量不过是一道闪掠而过的光。明末清初，岭南之地还出现过一个昙花一现的国家，也就是由朱明王朝宗室残余建立的南明国，这一在离乱中苟立的不明之国甚至连火花都没有留下。

南越国掀开的是岭南建设开发史上崭新的一页，也是极具启示和极其重要的一页，岭南大地由蒙昧隐蔽到纷繁璀璨的篇章正是由此而依次打开。岭南，作为亘古以来偏于一隅的山海之域、阻隔重重的蛮荒之境，也正是由于南越国的建立，开始出现城市，出现都会，出现商埠，出现海港，率先开启中国驶向世界的乘风破浪之旅，敲响中华文明与海外文明起初的碰撞回声。

岭南和百越

岭南，是一个由方位到地域的概念，简而言之就是“岭之南”。“岭”指的是南岭，岭南就是南岭以南地区。南岭是华夏大地南端一条自西向东绵亘的漫长山脉，源起云南，由广西西北部贯穿湖南、江西，一路往广东北部伸展，余脉延伸至福建南部，全长1400多公里，海拔通常在1500米左右，最高峰超过2000米。南岭的构成，主要包括越城岭、都庞岭、萌渚岭、骑田岭和大庾岭五道显著的山岭，合称五岭，其余大小山岭不计其数。五岭，在很多时候又被当作南岭的代称。

南岭是中国南部最大的横向构造带山脉，也是长江、珠江两大流域的分水岭，由于大岭逶迤，峰峦层叠，犹如一道天然的屏障，形成了险要的自然地理界线，呈现难以逾越的态势，甚至气候、环境等也迥然不同，由此五岭之南就被称作岭南，与岭北截然分开。在史料记述中，古代的岭南，因为山地密布、林深草莽、江河纵横、气候湿热而多被称作“化外之地”“瘴疠之境”“蛮夷之乡”，居住在岭南地区的土著先民，也被称作“南蛮”，意思是南方未经教化的野蛮人。同时，“蛮”又含有“蛮荒”之意，“蛮荒之地”以及“野蛮人”，在很长一段历史时期成为外界对岭南地区和岭南土著先民模糊的混同的指认。

关于岭南、五岭最早的文字记载，分别见于西汉司马迁《史记》中的《货殖列传》和《张耳陈余列传》："山东食海盐，山西食盐卤，领南、沙北固往往出盐，大体如此矣。""秦为乱政虐刑以残贼天下，数十年矣。北有长城之役，南有五岭之戍，外内骚动，百姓罢敝。""领南"即岭南，"领""岭"二字通用。此外，古代文献中对岭南还有"峤南""岭外""岭表""岭海"等称谓，不一而足。对岭南范围的界定，西晋张华所著的《博物志》称"南越之国，与楚为邻。五岭已前至于南海，负海之邦，交趾之土。谓之南裔"；唐代房玄龄等人编撰的《晋书·地理志》则将秦朝所立的桂林、南海、象三郡称为"岭南三郡"。这两种指称，均是以政权的建立及管辖为依据，属历史概念，受不同朝代行政建置的影响。现代研究表明，历史上的岭南地区，除了今天的广东、广西、海南、香港、澳门外，还曾包括湖南、江西位于五岭之南的部分地区，以及宋代之前归属中国统治的今越南红河三角洲一带。

五岭所指，在古代也存在着一些争议，大同小异，其后普遍认定由东而西分别为大庾岭、骑田岭、萌渚岭、都庞岭、越城岭。晋朝裴渊在《广州记》中称之为"大庾、始安、临贺、桂阳、揭阳，斯五岭"（后人考证裴渊以县名代称岭，始安岭即越城岭，临贺岭即萌渚岭，桂阳岭即骑田岭，唯揭阳岭存疑）；南朝宋邓德明在《南康记》中称之为"台岭之峤，五岭之第一岭也，在大庾。骑田之峤，五岭之第二岭也，在桂阳。都庞之峤，五岭之第三岭也，在九真。萌渚之峤，五岭之第四岭也，在临贺。越城之峤，五岭之第五岭也，在始安"；南北朝顾野王所编的《舆地志》亦称

“一曰台岭，亦名塞上，今名大庾。二曰骑田。三曰都庞。四曰萌渚。五曰越岭”；明末清初屈大均在《广东新语》中称“然五岭以大庾为首，则始安、临贺、桂阳、揭阳，又大庾之臂也”……

此外，也有观点认为五岭不单是指五个岭名，而主要是指穿越南岭的五条人行通道，即大庾岭道、骑田岭道、都庞岭道、萌渚岭道、越城岭道，如《晋书·地理志》记载：“秦始皇既略定扬、越，以谪戍卒五十万人守五岭。自北徂南，入越之道，必由岭峤。时有五处，故曰五岭。”宋朝周去非在《岭外代答》中指出：“自秦世有五岭之说，皆指山名之。考之，乃入岭之途五耳，非必山也。”并列出五条通道分别为：“自福建之汀，入广东之循、梅，一也；自江西之南安，逾大庾入南雄，二也；自湖南之郴入连，三也；自道入广西之贺，四也；自全入静江，五也。”此说的是第一条岭道从福建汀州入广东梅州；第二条岭道从江西南安（今江西大余）入广东南雄，也就是梅关古道；第三条岭道从湖南郴州入广东乐昌，也就是西京古道；第四条岭道从湖南道县入广西贺州，也就是潇贺古道；第五条岭道从湖南全州（明洪武年间起改隶广西）至桂林（静江），也就是湘漓古道。

这五条岭道，分别横列于两广北部与赣、湘、闽交界之处，均为岭南、岭北水系的分水岭，从大方面来说即是湘江、赣江和珠江水系的分水岭。五岭分水岭是早期岭南与中原往来的主要通道所在，对初期开拓岭南有着至关重要的影响。岭道与水道往往相互连接，秦始皇南征百越时，在湘水和漓水背向之处开凿灵渠，连通长江和珠江水系，汉武帝平定南越后，在西江支流桂江（上游为漓江）、贺江及西江汇合之处设置广信县（今广西梧州至广东封开一带），成为汉代岭南的社会活动中心，并由此孕育、催生了广府民系及广府文化。

岭南古称百越之地，泛指五岭以南百越部族居住繁衍的地方。百越，是古代中原人对长江中下游及其以南地区所有人群种族的统称，通常指曾广泛分布于今浙江、福建、广东、广西一带的越族、越人。“百越”一词，最早见于战国末期成书的《吕氏春秋》，有“扬汉之南，百越之际”的说法。“越”通“粤”，岭南古代不少文献都会将这二字混同混用。“越”这一称谓，最早出现于商周时期，那时的中原人便泛指东南方的蛮族为“越”，北方蛮族为“胡”，史称“北方胡，南方越”，《史记》中即有吴起“相楚”而“南平百越”的记述，从中可见战国时期中原强国就对南方越地有所沾染。吴起是战国初期著名的军事家，与孙武并称“孙吴”，他辅佐楚悼王南征北战，将楚国推向强盛。而“越”这一称谓的由来，存在多种说法，有说来自盛行于商周时期的兵器“钺”，越族人将其用作捕猎工具，并视之为自己的象征物；有说源于春秋战国时期越王勾践建立的越国；有说出自古代越人呼“人”的语音，意思就是“人”。如此种种，各有依据，不甚确切。

百越部族的起源，也有两种说法：一种认为是东南和南方各地区的土著居民，从对马坝人和洞中岩人遗址的考察可知，早在10万年前甚至更早之前岭南大地就有人类在此繁衍生息。再从对新石器时代初、中期的文化遗址如英德青塘遗址、南海西樵山遗址、增城金兰寺贝丘遗址、新会罗山咀贝丘遗址等的考察中得知，其时岭南地区的平原谷地已有人类生活，到新石器时代晚期逐渐形成了粤北地区、粤东平行岭和粤中东江地区、粤东韩江流域地区、粤中珠江三角洲地区、粤西西江中游地区、粤西南雷州半岛及海南岛地区等六个不同文化特征群体，从而呈现出粤地多民族的文化状态。由此综合判断，百越民族群的主体是东南和岭南的土著。一种说法认为源自大禹之后人少康（夏朝国君，也即传说中的酒祖杜康）一脉，由春秋战国时期越王勾践的后人南迁又转向西南而形成。西汉司马迁在《史记》中载："越王勾践，其先禹之苗裔，而夏后帝少康之庶子也。封于会稽，以奉守禹之祀。文身断发，披草莱而邑焉。后二十余世，至于允常。允常之时，与吴王阖庐战而相怨伐，允常卒，子勾践立，是为越王。"东汉班固在《汉书·地理志》中如此记载越族的分布及来历："粤地，牵牛、婺女之分野也。今之苍梧、郁林、合浦、交阯、九真、南海、日南，皆粤分也。其君禹后，帝少康之庶子云，封于会稽。"西晋臣瓒曰："自交趾至会稽七八千里，百越杂处，各有种姓。"说及从今越南北部到浙江绍兴沿线都有越族居住，是夏帝少康的后人，岭南各郡的越人是从绍兴一带迁徙过去的。从中可知越族之多、分布之广，但越人均为"会稽少康之后"的说法，备受质疑，后世多不采信，颜师古注《汉书·地理志》时即引用西晋臣瓒说的这句话并提出质疑："越之为号，其来尚矣，少康封庶子以主禹祠，君于越地耳。故此志云其君禹后，岂谓百越之人皆禹苗裔？"

南越王墓出土人操蛇铜托座。该俑造型从服装、体态看为典型的越人

不管如何，“百越”是古代中原人对越族人的统称，这一点是确凿无疑的，“百”是多数的意思。“‘百越’并非来源单一的古民族，而是一个组合复杂而来源众多的大区域的民族群体。他们虽归属于汉藏语系中的壮侗语族，但由于来源成分复杂，其风俗习惯和语言、体型亦迥然不同。”（何光岳《百越源流史》）生活在长江以南沿海和山地区域的古老越族，由于分布甚广，种姓众多，交相杂处，因此被统称为百越，其中较大的越族主要有吴越（今苏南浙北一带）、扬越（今江西湖南一带）、闽越（今福建一带）、南越（今广东大部）、西瓯（今广西中、北部）、骆越（今广西南部和越南北部），此外还有较小的越族如于越、东越、西越、夔越、夷越、滇越等。百越族的另一部分，则与今天

岭南地区的壮族、侗族、黎族、畲族、瑶族、布依族、仫佬族等少数民族有着密切的渊源，例如壮族与骆越、西瓯一脉相承。

百越族的分布区域，包括今浙江北部和南部、江苏南部、安徽东部、福建北部以及湖北、湖南、江西、广东、广西、贵州、云南部分地区，还有越南的中北部。另有一些越族人向东南亚迁徙，成为东南亚部分民族的祖先。南越起初主要分布在今广东境内，后来又发展到广西及以南地区。“南越”一词，最早见于《庄子》：“南越有邑焉，名为建德之国。”庄子所描述的“建德之国”，采用文学笔法，似乎是一个乌托邦式的理想之国，应该说只是对当时的岭南有所闻而作出的想象。从中可知战国时期就有“南越”之称，后来《史记》通称为“南越”，《汉书》则称为“南粤”，证明“越”“粤”自汉代起即已相互通用。关于南越的称谓来由，古代史志并无明确记述，众说纷纭，当代学者罗香林参照《吕氏春秋》“扬汉之南，百越之际”之说，认为：“以其地为扬越南部，故称为南越。”秦末汉初，南越之地出现了一个本为中原汉人却自称“蛮夷大长”的杰出人物，他就是一手缔造了南越国的赵佗。南越国不能与南越族等同而论，南越国是在南越族聚居之地、以中原汉人为主导所建立和治理的国家，而非南越族自行建立的国家。

商朝时，南越就被称为“蛮越”“南蛮”，似乎从那时开始，“蛮”就成了古代人们贴向这个地方和人群的一个标签。而造成这一印象的极大原因，是受传统的“中原中心论”观点所制约，这与古代中国习惯将外国统称为

"蕃""夷"而不加区别是同样的道理。另外或许也与当时土著越人不免显得奇特怪异的生活习俗、装束行为有关，比如断发、文身、椎髻、凿齿、契臂为盟、崇信鸡卜、喜食蛇蚌、干栏巢居等，这些习俗的具体表现将在后文作出叙述。由此可以判断，中原人所说的"蛮"，又含有精神、情感上的不解、疏离之意，而不能完全等同于行为性的"野蛮"。然而，就是这样一个以"蛮"著称的边远地域，却在大秦帝国铁蹄初至时遭遇了更为野蛮的劫掠，第一次带领军队从中原进入南越的，是一个暴戾自大的野蛮人，他就是秦始皇派来征伐岭南的主帅屠睢。

中原来的野蛮人

公元前221年，在风云变幻的战国纷争中终至统领风骚的秦国，消灭了齐、楚、燕、韩、赵、魏等曾叱咤一时的强国，从而结束了中原大地旷日持久的混乱割据局面，中国首个统一的封建中央集权制国家——秦帝国宣告诞生，秦王嬴政成为中国历史上第一位皇帝，称始皇帝。随后，自诩“德逾三皇，功盖五帝”（三皇之“皇”、五帝之“帝”构成“皇帝”）的秦始皇，推行了一系列治国措施，意在巩固刚刚建立的大秦王朝，如建立中央集权制和地方郡县制以巩固政权，统一文字、货币、度量衡以强化统治，开通水陆道路以促进与各个地方的联系往来等。其时，虽然中原的纷争已平息，但北方的匈奴和岭南的百越，尚未纳入大秦帝国的部属，对于北胡南越的顽强存在，秦王朝绝不可能漠然置之，因为自春秋战国以来，这两股势力就对中原地区的安宁稳定有着很大的威胁，尤其是匈奴惯于南下袭扰，惹是生非，使野心勃勃、意图永统天下的秦始皇忧心忡忡。

匈奴是游牧民族，擅长骑射，进退迅速；百越是长居土著，行于舟水，散于各部。鉴此，秦始皇分别采取了“北逐匈奴”“南平百越”的策略，派大将蒙恬率军30万人，前往河套地区驱逐匈奴，并修筑长城以作防守，“乃使蒙恬将三十万众北逐戎狄，收河南。筑长城，因地形，用制险塞，起临洮，至辽东，延袤万余里。”（《史记·蒙恬列传》）

又派遣尉官屠睢为统帅，率领50万大军，分为五路进击百越，“又利越之犀角、象齿、翡翠、珠玑，乃使尉屠睢发卒五十万，为五军，一军塞镡城之岭，一军守九疑之塞，一军处番禺之都，一军守南野之界，一军结余干之水”。（刘安《淮南子·人间训》）

《淮南子·人间训》将秦始皇“南平百越”的动机，说成是垂涎南越地区的犀牛角、象牙、翡翠、珠玑等奇珍异宝，未免小看了秦始皇内心膨胀的“贪婪”，大为轻视了其囊括八荒、并吞四海的“胃口”，应该认为，秦始皇所虑所思，首先还是中原霸业的稳固与扩张，其次是以中原为中心一统天下的理想，有着诸如韩非子“事在四方，要在中央，圣人执要，四方来效”这样的法家思想的催动。早在六国濒临灭绝之时，高瞻远瞩又雄心勃勃的秦始皇，就将吞

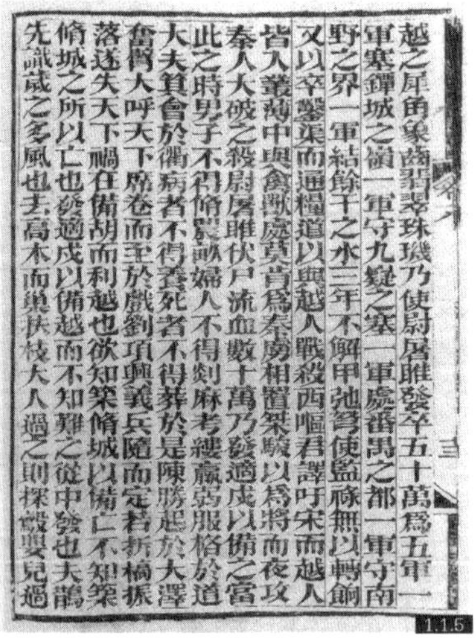
越之犀角象齒翡翠珠璣乃使尉屠睢發卒五十萬為五軍一
軍塞鐔城之嶺一軍守九疑之塞一軍處番禺之都一軍守南
野之界一軍結餘干之水三年不解甲弛弩使監祿無以轉餉
又以卒鑿渠而通糧道以與越人戰殺西嘔君譯吁宋而越人
皆入叢薄中與禽獸處莫肯為秦虜相置桀駿以為將而夜攻
秦人大破之殺尉屠睢伏尸流血數十萬乃發適戍以備之當
此之時男子不得脩農畝婦人不得剡麻考縷羸弱服格於道
大夫箕會於衢病者不得養死者不得葬於是陳勝起於大澤
奮臂大呼天下席卷而至於戲劉項興義兵隨而定若折槁振
落遂失天下禍在備胡而利越也欲知築脩城以備亡不知築
脩城之所以亡也發適戍以備越而不知難之從中發也夫鵲
先識歲之多風也去高木而巢扶枝大人過之則探鷇嬰兒過

1.1.5

《淮南子·人间训》中有关秦军进攻岭南的记载

并的目光投向了大江以南的越地，命令大将王翦“南取百越之地”“王翦遂定荆江南地，降越君，置会稽郡”（《史记·秦始皇本纪》），平定了楚地和江南的越族。余下的越人强势力量，主要有两广地区的南越、西瓯和浙南至福建一带的东瓯、闽越，尤其是南越、西瓯占据着岭南地理之利，势力不可小觑。

因此，不能不说，秦始皇对岭南窥视已久，在起兵之前，已然作出了一系列的准备，采取了“治驰道”“传送委输”“巡抚南边”等相应措施，也就是开辟进军路线、调配军需物资和视察边防地带，尤其是五次出巡郡县，其中一次来到了湖湘的洞庭郡，于湘山祠下令“伐湘山树，赭其山”，假借开辟巡游路线而大肆“修道伐木”，伐木不仅有利于进军，所伐的湘山木还可用以造船，预备挺进南越的意图可谓显而易见。不久，就发生了“苍梧尉徒唯攻陆梁地”（荆州出土汉简记载）的史事，“陆梁”是秦时对五岭以南之地的一种称谓，意指“岭南之人，多处山陆，其性强梁”（张守节《史记正义》注），“徒唯”即屠睢，时任苍梧郡尉（郡通常设守、尉两主职，守为文官，尉为武官），而洞庭郡、苍梧郡与岭南最为靠近。这里的苍梧郡，指的是战国时期楚国所立、秦灭楚后沿设的苍梧郡，于今湖南永州宁远苍梧山附近，《后汉书·南蛮西南夷列传》载：“吴起相悼王，南并蛮越，遂有洞庭、苍梧。”苍梧山即九嶷山，是五岭之一萌渚岭的组成山脉，相传舜帝南巡时驾崩于此，“（舜）南巡狩，崩于苍梧之野，葬于江南九疑，是为零陵”（《史记·五帝本纪》）。“苍梧”一词，由百越中的一支——仓吾族引申而来。仓吾族最早聚居于湖南湘江流域及南部地区，楚悼王命吴起南平百越，收服仓吾族而立苍梧郡，秦国消灭楚国后于原地仍设苍梧郡。又据文献记载，吴起率楚军占领仓吾部落时，部分仓吾族人向南转移，来到今广西梧州至广东封开、德庆上下的西江流域，与骆越族、西瓯族并存。到南越国建立，赵佗分封仓吾族首领赵光为苍梧王，于今广西梧州修筑苍梧王城。汉武帝平南越后，以赵光的苍梧王城为中心设置苍梧郡。

先前秦始皇派出去南征北战的领军主将，都是王翦、蒙恬这样战功赫赫的名将，然而被任命为进击百越五路大军统帅的屠睢是何许人也？史籍中并无记载，只知道他当时的官职为“尉”，也就是一个驻守地方的普通武官，如此轻微的人物，为什么会被起用为南征主帅？从秦始皇之前煞费心机的筹备布局来看，他应该不会对南越抱骄怠轻慢的态度。有说法是由于屠睢其时任职苍梧尉，熟悉且适应南方环境；也有说法是因为他是秦皇宗亲、也即后来发动政变扶持秦二世胡亥上位被拜为丞相的权臣赵高的弟子，又曾多次跟随大将军王翦出征，很有一些蛮力。不论屠睢是什么背景，无非是莽撞无脑的一勇之夫，他气势汹汹的出征之旅，不过是向着一条不归之路迈进，而酿成悲剧的主因，则是他的刚愎自用、意气用事以及残忍贪婪。他进入南越后表现出来的凶残暴虐以及极尽侮辱的恶行，激发了越人心中积压的熊熊怒火，最终他疲于应付越人持续顽强的抵抗，惨遭伏击，头颅竟然被满怀仇恨的西瓯族人割下取去祭神，他所带领的那一部分兵马也几乎全军覆没。

公元前218年，以偏远地方尉官身份而得以出任朝廷征讨主帅的屠睢，统率50万大军，大张旗鼓、浩浩荡荡地逼近岭南。在发起攻击之前，大军分成五路，各取不同的方向，第一路“塞镡城之岭”，即从镡城（今湖南靖州）通过越城岭要塞，入广西始安（今桂林）；第二路“守九嶷之塞”，即从九嶷（今湖南宁远）翻越萌渚岭，直指临贺（今广西贺州）；第三路“处番禺之都”，即从桂阳（今湖南郴州）翻越骑田岭，入今广东连州，顺北江而下，逐站筑城，进取番禺（今广州）；第四路“守南野之界”，即以南野（今江西南康）为据点，驻守推进，通过大庾岭经广东南雄至曲江（今韶关）；第五路“结余干之水”，即控制由闽越北上江淮的余干（今江西余干、乐平一带）水路，攻取东瓯（今浙江温州）、闽越（今福建福州），西向揭阳岭。五路进军路

梅关古道，通过大庾岭入广东韶关

线，实际上所取的就是五岭通道，为当时通往岭南的最方便的道路。这里的“塞”“守”“处”“结”等，均有驻守布防、逐步推进的意思，可见秦军的进军计划是攻防并用、相互接应又不急于冒进的，只是后来的战局发展并不如设想的那么顺畅，以至于超乎意料地酿成分散被困之祸。

法国学者、汉学家鄂卢梭在其《秦代初平南越考》一书中曾对秦军的进攻路线作出细致分析，认为这五条路线分别为：一路从湖南靖州入广西至桂林；一路从湖南道县，越萌渚岭，入广西贺州；一路从湖南长沙经郴州，越骑田岭入广东连州，进取番禺；一路从江西南昌，经南康，越大庾岭，入广东南雄；一路从江西余干入福建，先征服闽瓯，再转向西，经潮安越揭阳岭，与其他军会合。鄂卢梭的说法，为秦军进入岭南提供了较为明确的线索，学界对此争议不大，多有采用。

秦朝的五路大军，总人数竟然达五十万之众，未免令人怀疑，对付当时尚且闭塞落后的南越，是否需要这么多的兵力？史学界对此争论不休，不少观点认为所谓“发卒五十万”为夸大或虚指，但考察当时的交通情况及供给能力，由于其时还没有一条由岭北通往岭南的水道，运输全部依仗陆路，费时费力，除战斗的军队外，运送军资辎重和粮草的兵力也必不可少，可能负责后勤补给的人马比作战的士兵要多得多，因此五十万大军应该包括了士卒和后勤人员，并且还有一部分预备战后留驻的移民。当然，“五十万大军”也不一定就是实际的数字，古人写史，往往喜欢渲染气势而不具统计学意义，“五”“十”“百”“万”都是常用的数字，可作概数看，过于考究就有点钻牛角尖了。后来的事实证明，秦王朝“南平百越”，其目的并不在于简单的征服，而是要实施对岭南的长久统治，一开始就有着屯垦戍边的用意，而第二次进军时更是“发诸尝逋亡人、赘婿、贾人”，以逃亡的罪人、入赘的男人、低等的商贩等随军，“以适遣戍”（《史记·秦始皇本纪》）。

由于部署得当，兵多将广，战术先进，武器精良，秦朝大军势如破竹，锐不可当，很快就攻占了南越的大部分地区，并且抢占了南越的中心之地番禺。实际上，五路大军从五个方向的各自进攻都没受到什么有效的阻挡，由余干进入福建的一支，轻而易举就击溃了闽越王无诸所率领的部族，收服了闽越，随后秦朝于闽越之地设置闽中郡；由桂阳进入广东连州和由南野进入广东南雄的两支，由陆路转水路，借助舟船之利，如虎添翼，以迅猛之势将番禺收入囊中；由镡城、九嶷进入广西桂林、贺州的两支，起初也非常顺利，所向披靡，将西瓯族人击得四散流窜，只是接下来由于轻敌怠慢，歧视越人，并急于推行中原“暴秦”制度，试图“以苛法钳制粤人”（《广东新语·坟语》），激起了当地人强烈的反扑。

最先率军攻入番禺的人，是一个名叫任嚣的将领，他是秦朝最终平定南越和后来促成南越立国的关键人物。从秦军的进攻路线来看，其五路大军又分东、西、中三路，东路一支军队，西、中两路各两支军队，东路军队的统领不知其人，西路军队统领则为此次出军的主帅屠睢，中路军队的统领无疑就是任嚣。中路军队由大庾岭、骑田岭进入，这是由岭北入粤最为方便的路线，也是最为靠近番禺的路线。任嚣作为一个勇谋兼备的将领，由此也崭露锋芒，为第二次进攻南越时继任主帅埋下了伏笔。任嚣，据说是孔子门下七十二贤人之一任不齐的七世孙，生于公元前268年，行伍多年，身经百战，出征南越时已及知天命之年，他是秦朝统一岭南后的首位管理者和建设者，是公认的“广州建城第一人”。

屠睢亲率西路的两支军队，从湘桂边地以凌厉之势推进，首先与西瓯族人展开激战。土著越人虽然强悍，但由于力量分散，互不相属，各自尊从自己的“君长”，缺乏调度统率，面对训练有素且装备齐全的秦军，顷刻土崩瓦解，被冲击得支离破碎，残余不服人等纷纷遁入丛林之中。屠睢轻而易举地进入西瓯部族腹地，得意扬扬，又收到另外几路兵马的捷报，觉得百越平定已是指日可待，越发志得意满，目空一切，不免骄狂放纵，对被征服的越人不但没有丝毫安抚，反而变本加厉地施以重压和歧视，极尽谩骂殴打并抢掠索取。最不予颜面且罔顾礼仪的一次，他竟然特意派人将西瓯族首领译吁宋召到帐前，强行要求对方依照秦朝对待蛮族的事例进贡地方珍品，译吁宋拒不答应，屠睢一怒之下，命令刀斧手将译吁宋斩首示众。这一事件令西瓯人举族震惊，愤恨难平，促使他们宁愿躲进丛林深山之中，与禽鸟野兽共处，也不肯成为秦军的俘虏。

译吁宋是西瓯族举足轻重的人物，他不仅是本族的酋长，还是西瓯部落联盟的首领。早在春秋时期，西瓯人就活跃在桂江、浔江、西江流域一带，范围包括今天广西的桂林、贺州、梧州、玉林、贵港以及广东的云浮、高州、肇庆等地，战国末期建立了西瓯王国，由译吁宋担任国君。如此一位备受西瓯各部拥护爱戴的人物，竟然被屠睢蔑然视之并轻率处死，可以想象会激起怎样的恼恨与抗争，由此决定了秦军必然面临流血的悲剧。

在极度的屈辱和愤怒中，西瓯人不惜鱼死网破，再次推举部落中的大将——桀骏出任首领，与秦军打起了敌明我暗的游击战。桀骏正是一位善于山地作战的游击将军，他率领各部落盟军充分发挥西瓯人善于爬山越岭和驾船荡舟的长处，在山林河谷中隐蔽起来，利用地形优势灵活出击，不断发动对秦军的突袭，一会从密林中飞快杀出，一会从草泽间突然现身，时而在深夜里悄然逼近，时而在雨雾间疾速而至。除对秦军的作战部队不断袭扰外，桀骏还指挥人马袭击秦军的后勤队伍，使其粮食武器供给渐渐缺乏断绝，首尾难顾，疲饿交加，而西瓯人貌似人影都见不着，却又像是时时伺伏在侧。秦军防不胜防，被打得晕头转向，片刻不得安宁，以至于提心吊胆到连盔甲都不敢卸下，弓箭都不敢离手，人人疲惫不堪。这样的状况持续日久，终于出现了如《汉书》所述“留军屯守空地，旷日持久，士卒劳倦，越乃出击之。秦兵大破”的局面。

由于西瓯人不断袭扰，从不正面出击，屠睢越来越暴躁不安，常常自恃英勇而不顾后果地深入搜寻。有一次，他带着一支小部队进入西江畔的三罗地域（今广东罗定、郁南一带），经过一个茂密的森林，竟不知那里正是西瓯人的埋伏圈，只听一声呼哨响起，瞬间乱箭齐发，又多又密。这些箭都是浸过蛇蝎毒液的，一中必死，秦兵乱作一团，纷纷倒地，屠睢头部和身上相继被射中，当场从马背跌落，一命呜呼。屠睢死得既狼狈又窝囊，他甚至连敌人的模样都没有看清就命归黄泉。西瓯人收拾战场，认出屠睢，又喜又恨，为告慰族人并威慑秦军，于是将他的头颅割下，公开拿去祭神。屠睢，这个以攻伐的名义从中原来到岭南的野蛮人，最终尝到了野蛮的恶果。

屠睢之死以及他统率的西路军队的覆灭，将秦军征讨百越的整个局势骤然扭转，另外三路军队尽管未伤多少元气，但苦于主帅被杀，失去重心和接应，不仅兵力渐显不足，粮草、装备等供给也日见空虚，深入异地、敌势环伺的秦军不得不暂停对西瓯族的攻势，由入侵攻击转为防御困守状态，双方陷入对峙的僵局，形势显得扑朔迷离。秦军虽然失势，但由于兵力众多，瘦死的骆驼比马大，越人不具备正面对抗的能力，也只能够零敲侧打。然而秦军尽管暂时显得呼天不应、呼地不灵，但背后毕竟有一个强大无比的朝廷，只要坚持下来就能解脱危难，进行反扑。局面至此，显而易见，不过是秦越战争风暴的暂时缓减，一场更大的狂风暴雨正在酝酿，只等待一声惊雷再度在岭南的上空响起。

在《淮南子·人间训》的记载中，秦军首次南攻百越的领兵主帅，仅提及屠睢一人，但《史记·平津侯主父列传》的记载却称“使尉佗、屠睢将楼船之士，南攻百越”，说的是赵佗（其时官职为“尉”）、屠睢一同领兵，赵佗的名字还排在屠睢的前面。更多的说法是屠睢为主将，赵佗为副将，其实应该就是主帅和副帅的关系。当然“将楼船之士”这一说法也是笼统的，具体所指应该是任嚣统领的中路军队，他们由大庾岭、骑田岭入粤后，再驾驶战船沿北江直下，这些战船从何而来？或者是拆散搬运过岭再组装，或者是越岭后就地造船，那么军中就必然有随行的船工。而屠睢、赵佗的西路大军，更多应该是步马队伍，也是主力和中心部队。然而赵佗既然为主帅身边的副帅，为什么会在接下来的战争中受到忽略，就像隐形人一般？这或许与屠睢的恃权自重、一意孤行有关，他根本就不把属下的作用当回事。另外，任嚣也出现在此次领军的大将之列，只不过他是其中的中路军队统领，表现最为出色。后来的事实清楚说明，最终平定岭南的，是任嚣和赵佗，他们并非单纯是屠睢沦亡后接顶上来的替补，而是同样领受了挫折伤痛后的首轮入场者，不能不认为这一次的失败为他们后来取得胜利提供了经验教训。

水利与战争

就在南征秦军困守岭南、处境不妙之际，大秦朝廷迅速作出应对决策，秦始皇不愧是具有雄才大略的“千古一帝”，他敏锐地意识到，在相距遥远、交通阻塞、驰援不便的现实之下，即使朝廷再强大也是鞭长莫及，唯有事先解决前方部队的供给问题，尤其是运粮问题，才能尽快完成对岭南地区的全面征服。于是，经过充分听取朝臣的意见，总结后续后援的症结所在，分析地理地形及着重点，秦始皇果断下令在由湘入桂的兴安县开凿灵渠，“使监禄无以转饷，又以卒凿渠而通粮道，以与越人战”（《淮南子·人间训》）。

为什么会选择在兴安开凿灵渠？这是由当时的地理及交通因素决定的，秦时中原与岭南的优选通道，水陆兼备的只有两条：一条是由江西的赣江水道，转陆路过大庾岭，再转北江水路；一条是由湖南的湘江水道，转陆路过越城岭，再转漓江水道。这两条通道的运输，中间都必须经过人工搬运，上船下船，极其不便且严重耗费人力。在交通不便和秦军急需后援的情况之下，开通一条运输量大又省时省力的路线就显得迫在眉睫，最佳的方法就是使南北水道连通。考察过这两条通道的地理位置及形势，接通赣江和北江绝不可能，而湘江及漓江均流经兴安，两水相距最近之处不过二里左右，《水经注·漓水》称“湘、漓之间，陆地广百余步，谓之始安峤，峤即越城峤也”。同时使秦军陷入绝境的主战场又在西瓯之地。由此，在兴安凿渠，连通湘水和漓水，其可能性与必要性显而易见，无可替代。值得一提的是，其时岭南之地荒蛮一片，山深林密，草藤缠绕，虫兽潜伏，处处无路。在尚无任何勘探设备的情况之下，秦人竟然能够发现湘水和漓水可打通的位置所在，不能不说是一个非凡之举，是不可能中的可能，其间不知经历过多少次跋山涉水、艰难重重的探险之旅。

在此，又一位官职卑微却被委以重任的人物进入历史的视野，不过他比骄狂自大的屠睢要幸运得多，应该说命运截然相反。他由此而功垂青史，成为中国乃至世界水利工程史上一个虽然姓名不全但却不可忽略的人物，因为他成功地开凿了灵渠，不仅疏导了当时陷于胶着的秦越之战，为大秦王朝彻底平定南越铺设了畅通之途，还开辟了古代岭南同中原之间一条无与伦比的交通大动脉，为促进南北政治、经济、文化交流发挥了重大的作用，对后世也有着深远的影响。灵渠的开通，使长江和珠江两大原本隔断的水系实现了连接，改变了中国自然水系格局。从现代意义来看，古老的灵渠还是世界上第一条船闸式人工航道运河，是中国古代水利科学史上的重大发明。灵渠和都江堰、郑国渠，在今天被并称为“秦代三大水利工程”，被誉为“世界古代水利建筑的明珠”。

灵渠的领衔开凿者，叫作史禄。然而这只是一个在被遗忘的历史中留下的模糊的名字，今天已无人知悉史禄究竟为何方神圣，不仅其出身成长等无从确考，甚至连真实姓氏也不得而知，目前可以看到的史料中只提及他名为“禄”，是秦监御史，称“监禄”或“史禄”，《史记·平津侯主父列传》有间接提及：“使监禄凿渠运粮，深入越，越人遁逃。”《汉书·严助传》中亦有只字片语：“秦之时尝使尉屠睢击越，又使监禄凿渠通道。”秦朝的监御史，不过是一个郡直的地方监察官，位轻职微，假如没有灵渠的开凿，这个连姓氏都没有留下的“监禄”或“史禄”根本就不值一提。更令人扼腕长叹的是，灵渠开凿完成之后，这个无意中缔造了世界水利工程奇迹的“监禄”或“史禄”，并没有功成受赏，而是黯然身退，甚至不得北还，就此落户岭南，隐居于岭东的揭阳，自行确定姓氏为“史”（或许本姓史也未可知）。他的曾孙史定，后来成为潮阳地区的第一任地方官——揭阳令。到了明代，曾任南京工部虞衡郎中的广东顺德人欧大任编著《百越先贤志》，将史禄列为越人后裔，说其祖先由越地流落到咸阳，于当地入赘为婿，“至禄仕于秦”，后来史禄因随军修灵渠而回到祖地，“遂家揭阳岭，长子孙焉”。当然，这不过是欧大任的一家之言，有较大的演绎成分。总之，要考究史禄真正的姓氏出身，只能使用这样一个词语：不详。

可能初时的史书编撰者并未意识到灵渠的重要性，根本就无从想象灵渠之于后世的巨大影响，也或许监御史禄在那时确实是个不起眼的小人物，而开凿灵渠又实在是个无人乐于接受的苦差事，他自己也未必觉得会有多么了不起，有可能只是迫于朝廷抓差无奈受命。《史记》《汉书》中都没有关于灵渠以及“监禄”其人的确切记载，仅以“使监禄凿渠通道”这样的话语一笔带过，从“使监禄无以转饷”这一话语表述来看，他不过是运粮官，为完成运粮任务而凿渠通道，并非什么治水筑路方面的专业人士。直到宋代，著名文学家、地理学家范成大才在其所著的《桂海虞衡志》中指出了灵渠非同凡响的作用及意义：“湘水源于云泉之阳海山，在此下灕江，牂柯下流，本南下广西兴安，水行其间，地势最高，二水远不相谋。禄始作此渠，派湘之流而注之灕，使北水南合，北舟逾岭。”由此其发出赞叹：“治水巧妙，无如灵渠者。”南宋地理学家周去非在《岭外代答》中也对史禄开凿灵渠的功绩给予高度评价，将其与秦始皇相提并论：“岂唯始皇，禄亦人杰矣。”

灵渠，据说是因为漓江有条支流叫灵河，当地人又习惯

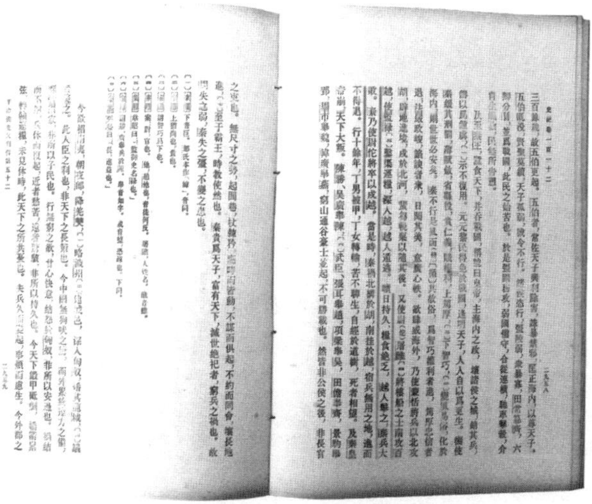

《史记》中有关秦始皇使监禄开凿灵渠，派兵统一岭南的记载

将漓江称为灵河而得名，古称秦凿渠、零渠、陡河。由于灵渠沟通了湘江和漓江之水，穿越广西兴安县境，故又称“湘漓运河”“兴安运河”。湘江发源于广西灵川境内的海洋山，自兴安的海洋河往北，经全州流入湖南境内而成湘江，注入长江；漓江发源于越城岭的猫儿山，经兴安、灵川往南而成漓江，再往东流入西江，汇一众江河之水至广州而成珠江。湘江和漓江，异源分流，南北相向，相离而去，湘江漓江，在“相离”二字各加上三点水偏旁，含有两水背道而驰的意思。北魏郦道元在《水经注·漓水》中阐释：湘水、漓水之间，陆上间隔的宽度仅“百余步”，分水岭称作“始安峤”。秦人正是巧妙地利用了“漓水与湘水，出一山而分源”，其“分流”处距离仅“百余步”的地理优势，“以卒凿渠”，沟通“湘、漓之间”，形成了畅通的“粮道”。

灵渠

灵渠的开凿，选择兴安城东南两公里开外的分水塘（又称渼潭）之处，筑坝分水，劈山挖渠，引湘水入漓水。整个工程分为南北两渠，全长30余公里，宽约5米，其中人工开凿部分约占5公里，设置铧嘴、大小天平、石堤、秦堤、南渠、北渠等各部分。南北两渠中，南渠占水量十分之三，流入漓江，北渠占水量十分之七，流入湘江，有“三分漓水七分湘”之说。灵渠的开通，首次接通了中原地区到岭南地区的水道，使得长江流域的船只可以逾越五岭抵达珠江流域。就当时来说，灵渠有着重要的现实意义，使得秦军的粮草、军需装备等物资可以源源不断地运向岭南，而随后的实际意义除水路运输外，更有利于水利灌溉和农业发展。秦朝之后，历代不断对灵渠进行扩建，逐渐构成完整的水利工程体系，如东汉建武年间伏波将军马援疏浚渠道，唐朝宝历年间桂管都防御监察使李渤增造了陡门，唐朝咸通年间桂州防御使鱼孟威将陡门增至18座，北宋嘉祐年间广西刑狱兼领河渠事李师中将陡门增至36座，明朝洪武年间监察御史严震直增建水涵24处……陡门是灵渠最为重要的一项工程设施，它其实就是船闸，能自由起闭调节水位，保证船只不受水位落差影响而顺利通行。

公元前214年，耗时三年、历尽艰辛的灵渠宣布大功告成。灵渠的开通，也意味着岭南战火的重燃。解决了后顾之忧、迫不及待实现大一统理想的秦始皇，当即进行第二次进军岭南、全面征服百越的部署，吸取之前错用屠睢的教训，这次，他将主帅的人选，确定在第一次兵发岭南时英勇善战、进军神速的任嚣身上，同时，又起用了另一位对岭南战局一直保持着慎察、清醒的青年将领，也就是赵佗。赵佗原为屠睢的副将，首次进攻南越时，正是他率领三万人马为先锋，为西路大军探明了道路。后来，在屠睢轻敌松懈和虐待越人时，赵佗又曾对其进行过告诫，认为南越地势复杂，越人之中也不乏勇谋之士，不可轻视，且降服越人后应当善待安抚，以免引起余下势力的更大抵触。可惜膨胀自大的屠睢根本就听不进去，反而认为赵佗胆小怯懦，有损士气，大失军威，剥夺了他的副将之职。最终，屠睢所领的西路大军几乎全部覆没，而赵佗因为心怀警醒，时刻防备，带着少数人马侥幸生还，退守待援，同时防止越人趁机北进。

这时，岭南地区的中心番禺，以及北部、东部的多数地方，其实已经控制在秦军手里，第一次征讨南越时另三路进入的秦军已在此坚防固守了三年。第二次南征，主要目标实际上是西部、南部的西瓯地区和骆越地区，这也是秦始皇明确选择在桂林兴安开凿灵渠的另一原因。基于屠睢入西瓯时易战难防、易平难定的前车之鉴，秦王朝采取了“发诸尝逋亡人、赘婿、贾人，略取陆梁地”（《史记·秦始皇本纪》）的移民实边策略，随军谪发逃亡的罪人、入赘的男人、低等的商贩以及卑贱的平民、奴隶各色人等，配合占领，屯戍垦殖，大概就是让这些人先充当士兵或后勤补给人员，每占领一个地方就让他们部分留驻下来，一方面作兵略之助，补充给养；一方面以建立据点，逐渐渗透。

有了物资补给的保障和对占领区的一路巩固，去除了后顾之忧，任嚣、赵佗率领大军，一往无前，展开了大规模的讨伐，所到之处，摧枯拉朽，没费多大力气就占领了广西各地的西瓯地区，随即乘胜进击，挥戈直入，又占领了今越南中部、北部的骆越地区。与此同时，驻守番禺等地等待援兵、伺机再动的秦军，又将其他地区的抵抗势力逐一收服。至此，岭南大地的百越部族已被全面击溃，秦王朝“南平百越”的政治策略和军事行动，终于迎来了最后的胜利。算起来，这场战争，从公元前218年开始，至公元前214年结束，大概持续了四五年时间，任嚣和赵佗成为平定岭南的首要功勋人物，但他们与岭南的渊源交集，只能够说是刚刚开始，尤其是赵佗，不过才走出他在岭南雄图伟业的第一步，甚至可以说连第一步都还没有真正迈开。

岭南既定，秦朝旋即推行对这一地区的管理及开发。首先是确立政权，按照中央集权制之下的地方行政制度郡县制，设立南海郡、桂林郡、象郡三郡。南海郡主要包括今广东大部分地区（中南部及北部、东部），东到今福建南端的云霄，西到今四会东，郡治设于番禺（今广州），下设番禺、龙川、博罗、揭阳四县；桂林郡包括今广西大部分地区及广东西部，大体为今广西桂林、柳州、南宁、贵港、玉林、梧州和广东肇庆、云浮、茂名一带，郡治设于布山（今广西贵港），下设布山、四会等县；象郡包括今广西一部分地区、广东零星地区和越南北部，大致为今广西百色、河池、凭祥、钦州、北海，广东湛江，越南北部的海防、高平，治所设于临尘（今广西崇左），下设临尘、象林等县。岭南三郡的设立，加上稍早前在闽越地区设立的闽中郡，使秦朝的郡由三十六郡增加到了四十郡，岭南的郡县，普遍被认为是秦朝设置的最后一批郡县，此时正是大秦帝国版图最大的高光时刻。

为强化统治和防守，秦王朝在郡县制之外还采取了军事管制性的戍守政策，并“东南一尉，西北一候”，即同时设置南海尉（又称“东南一尉”），统制三郡，执掌军政大权，仅设武职的郡尉而不设文职的郡守。又在西北方的要塞（今广西兴安县境内）修筑城防，防止西瓯人向北流窜，即在湘水南部的灵渠口修筑了秦城，在秦城北部二十里处修筑了严关。“西北一候”并非指王侯或万户侯、千户侯之类，而是指边关的城防，有驻兵监视之意，据考证即为今广西兴安西南的秦城。除此之外，还在水陆要道上设置了重重关隘，沿五岭南北设立了多个戍守据点，广筑关防，在今江西南野到广东南雄的大庾岭上修筑了横浦关，在今广东阳山东北的骑田岭道上修筑了阳山关，在今广东阳山西北的茂溪口修筑了湟溪关，在今广东英德西南的连江口修筑了洭浦关（又称“洭口关”）。横浦关、阳山关和湟溪关，形成了秦汉时期岭北与岭南交通线上的三大关隘，合称“岭南三关”，这三大关隘，沿粤赣、粤湘边界间隔排布，均处在水、陆交通的要冲，起到同时控制岭道和水道的作用，尤其以横浦关的位置最为重要，明末清初学者顾祖禹在《读史方舆纪要》中称“雄杰险固，为南北之噤要”。

政权确立和强化之后，接着是对岭南的开发。事实上，秦王朝对岭南的开发策略，早在第二次南征时就已开始实施，即移民实边政策，其时就以“谪戍”的方式迁徙了大批罪人、逃亡者、赘婿、商贾等，随后又令南征军队留戍定居。接下来，秦朝又以充军、流放、贬谪等各种方式组织了几次移民，“徙中县之民南方三郡，使与百粤杂处”（《汉书·高帝纪》），人员包括犯罪的官吏、商人、手工业者和农民等，大体是责令他们到岭南地区从事苦役，相当于下放到越人中间“劳改”，所受的劳役主要为修筑“新道”（秦朝通往南越的新筑道路），后来修成的分布于今江西、湖南、广东、广西之间的几条“新道”，对沟通岭南与中原地区以及促进物资交换、文化交流都起到了积极的作用。据现代专家考证，秦朝开辟的通越新道普遍有四条：一条自江西南安过大庾岭进入今广东南雄；一条自湖南郴州过骑田岭进入今广东连州；一条自湖南道县过萌渚岭进入今广西贺州；一条自湖南零陵过越城岭进入今广西全州。另有一条通道，也被认为是秦朝开辟的新道，即自福建南部过揭阳岭（今莲花山脉）进入广东揭阳。这些新道，均是在原来的古道基础上扩建而成，其后不仅为秦朝经略岭南发挥了重要作用，还促进了中国大陆向海上的延伸，为汉武帝时期开辟海外交通线提供了便利及可延伸的条件。

种种迹象及事实证明，秦始皇对南越不计阻隔与损耗的染指，原因绝对不是“利越之犀角、象齿、翡翠、珠玑”这样肤浅的物质掠夺，而是不可抑止的版图扩张和一统天下的欲望，或者也可以说是天下大同的理想。当然，铺垫在中原和岭南洞开的通道之上的，首先是血肉和尸骨，其后才是经济与文明。秦始皇平定南越，毫无疑问构成了岭南历史的第一次转折，标志着岭南地区冲破原始混沌的状态，开始被纳入封建集权统一治理的格局，进入一种有利于生长发展的社会秩序。郡县制的确立、移民的迁入以及通道的打开，使中原和岭南之间的隔阂在很大程度上获得了消解，意味着岭南不再是百越部族的岭南，而是整个中华民族的岭南，自此之后不可分割，水乳交融。总的说来，秦朝平定岭南，在历史上主要起到了三个方面的积极作用：一是促进了岭南社会经济、文化的发展，催动了文明的进步；二是促进了汉越各族的融合，实现了多民族的发展；三是促进了秦汉国外交通线的开辟，为中华文明和海外文明的沟通打下了基础。

秦朝对岭南的管理，最直接有效的方式就是留戍移民、汉越杂居，而这些最初定居下来的人就是任嚣、赵佗带来的将兵和贬谪之众，由此也创造了历朝历代将充军、获罪者贬往岭南的先例。有意思的是，战后受封为南海郡龙川令的赵佗，在留驻岭南为官之后并未多久，也曾上书朝廷，以“为士卒衣补”作为理由，请求派遣三万名“亡夫家者”女子前来，也就是提出需要三万名没有丈夫的青年女子。朝廷批准了一万五千名，虽然打了个半折，但这些女子，不言而喻促进一大批戍卒家庭的组成，构成第一拨中原落籍岭南的人家。在今天看来，赵佗这一请求不能不说极其荒唐，假如是请求留戍兵将在中原的家眷前来岭南，那么可以理解，但直接提出需要的是未婚女子，就有些赤裸裸的“不讲武德”了。当然，从历史和时势来看，赵佗这一请求是有良苦用心的，要使这些中原兵将稳定下来，转化为岭南官民，那么娶妻生子是势所必然，而一时之间又如何促成这大批外来雄性的婚配？据《广东新语·人语》载，除少数士卒与中原派来的一万五千名女子通婚外，其余士卒则“皆家于越，生长子孙”。在此顺便宕开一笔，赵佗本人的配偶，未见任何文献提及，甚至连他的子女都形同隐匿，他受命南征时不过才年及弱冠，是出征时就已成家还是到岭南后才成家，无从追寻，但从后来他称王之前攻打安阳王，其子赵始已随军出战，可以猜测他在中原已有妻室甚至已生下了儿子。似乎从留驻岭南伊始，他就有了扎根于斯、繁衍生息的打算了。这一促使戍兵长留岭南安家落户的举措，也成为后来赵佗治理南越国，发展人力和生产力的重要策略之一。

岭南或许也是秦始皇布局中国的最后一颗棋子。公元前210年，就在南越平定不到四年之间，这位梦想长生、帝业永续的“始皇帝”，毫无预兆地暴毙于巡游求仙的途中，只活到49岁，尚未正式步入知天命之年，其一手缔造的大秦帝国总共也不过维持了短短15年，勉强算作是传到第三世。秦始皇逝世的第二年，蕲县大泽乡（今安徽宿州）即暴发了陈胜、吴广领头的农民起义，旋即起义革命风起云涌，大秦王朝摇摇欲坠。在此期间，独踞岭南的任嚣、赵佗把握良机，趁中原时局纷纭之际果断割据自治，南越国应运而生。

承

承：奉也。受也。

——《说文解字》

平百越者谋岭南

南海、桂林、象三郡，以南海郡为统制，南海郡的郡治番禺，也就成为岭南三郡的政治权力中心。可能是由于郡县初设，秩序尚未稳定，也可能一时没有合适的人选，南海郡并没有置封文职的郡守，而仅仅任命了一个武职的郡尉，也就是南海尉，又称“东南一尉”。南海尉不仅仅管治南海郡，还节制着桂林、象二郡，拥有相对独立和专断的权力，同时掌管军事、行政和财政，实为岭南地区说一不二的最高长官。南海尉的任命，最重要的原因是强化军事统治，防止刚刚被征服的越人再度起来反抗，因为秦朝廷对越人之前的激烈对抗仍然心有余悸，有时候，武力震慑往往比斯文说理更为有效。这一重任，自然落到了在平越中功勋卓著的任嚣身上。

南海郡的郡治番禺城，也是任嚣一手创建的，时间就在他占领番禺的这一年，这是有正史记载的番禺建城也即广州建城之始。公元前218年，在第一次攻击南越的战争中，任嚣率领中路大军，翻越大庾岭和骑田岭，下北江，逐站筑防，驾楼船以强劲之势攻入番禺。番禺作为地名的出现，最早见于《淮南子·人间训》所述的“一军处番禺之都”，也即任嚣攻越的进军路线。番禺得名的由来，有几种说法，以其地“有番、禺二山”之说最具代表性，也广受认可，另外有说是指“番山之禺”（禺指区域），有说是指“岭外蕃国蛮夷之地”，有说是从南方古语“咸村”（意即咸水可以到达的村落）音译而来，各说莫衷一是，各有来历典故又各含寓意趣味。在汉代之前，“番禺”通常写成“蕃禺”，简写为“蕃”。现代广州的秦汉考古发现，石头岗秦墓出土的一件漆奁有“蕃禺”烙印；象岗南越王墓出土的9件铜鼎上有“蕃禺”或“蕃”刻记；沙河顶和钟村的东汉墓墓砖中分别有“番禺丞”“番禺”铭文……此外广西罗泊湾一号南越墓、香港九龙东汉墓出土的墓葬中也分别有“蕃”或“番禺”字样，证明秦朝和南越国写的是“蕃”，而至少在东汉以后就写成了“番”。

番禺最初建城的时间，此前流传的说法有“楚庭”“南武城”两种，均指向战国时期，前者说的是楚悼王命吴起南平百越后建“楚庭”，“粤服楚，有楚庭，即今郡城”（郭棐《广东通志》）；后者说的是越人公师隅建“南武城”，“广州州城，始筑自越人公师隅，号曰南武”（顾祖禹《读

南越王墓出土“蕃禺”汉式铜鼎

史方舆纪要》）。两者又均说法不一，无法确证，也有人认为“楚庭”不是城而是宫室或官衙，又有人认为是公师隅扩“楚庭”而成“南武城”。关于番山和禺山，包括“楚庭”所在的越秀山，明末清初学者、诗人屈大均在《广东新语·山语》中写道：“会城中故有三山，其在番禺治东南一里者曰番山，迤逦而北一里曰禺山，其北曰粤秀。……三山之脉，自白云蜿蜒而来，为岭者数十，乍开乍合，至城北耸起为粤秀，落为禺，又落为番，禺北番南，相引如长城，势至珠江而止。”这一描述颇为生动，将地理形势和山水气象寓于寥寥数语之间，指明番山、禺山的位置以及同为白云山脉起落的山岭。番山、禺山在五代十国时期因南汉王刘䶮修建宫阙而被凿平，徒留其名。粤秀山即越秀山，清代曾两次在越秀山南麓修建牌坊，标明“古之楚庭”所在。史料说明，楚庭是确实存在的，但其是否为广州建城之始，值得商榷，而南武城是否曾经存在，则仍需深入考证。

可以肯定的是，秦平百越后在岭南设置的郡县，其中有一个番禺县，为南海郡治，南海郡为岭南首郡，番禺县也可以说是岭南首县，这是由番禺当时的地理位置、交通要素和开放程度决定的，有深刻的社会政治原因。在秦朝设置番禺县之前，番禺就是公认的岭南中心，但“楚庭”“南武城”之说并不能表明那时候就已建城，很可能是一个规模较大、人流较多的聚居地，或者是一处热闹繁华又稀罕特别的集镇，由《淮南子·人间训》所记的秦始皇“又利越之犀角、象齿、翡翠、珠玑”这一陈述来看，当时的番禺之地，应该也是一个与海外客商有着交易的商业集散中心，因为这些并非都是岭南物产，部分货品极大可能是由东南亚地区交换转入的。

南海郡的郡治设于番禺，这一点似乎没有什么疑问，但也有说法称一开始并不是在番禺，而是在武水泷口（今韶关乐昌），明代岭南学者黄佐在《广东通志》中写："秦南海尉署始于任嚣，初居泷口西岸。……既乃入治番山隅。"清代学者、地理学家顾祖禹在《读史方舆纪要》中引《吴越春秋》说："秦以任嚣为南海尉，初居泷口西岸，俗名万人城。"万人城是任嚣率军进入岭南后逐站所筑的驻防城寨之一，起初目的是巩固占领并作增援接应，后来则是为了加强防守，控制要塞。历史充满循环，颇具意味的是，赵佗后来预备立国称王时，又在浈山（今清远英德）、中宿（今清远清新）建了两座万人城，以防秦兵南下征讨。为什么叫作"万人城"？不得而知，明代南海人张诩曾写过一首诗《万人城》，有"长城筑中宿，雉堞一万个"之句，或者可以作为一种佐证，"雉堞"指的是城上的齿墙或垛墙，即呈锯齿状的战墙。据此猜测，万人城也许就是借战墙的数量指有上万守军的城寨，无非就是表示关城不小，驻兵以万计。

假如南海郡治所或南海尉官署最初的确设于泷口万人城，只能这样理解，或许是因为那里有现成的城寨，任嚣不过是作权宜之计。不久，便从长远治理和发展考虑，把郡治和官署迁到了番禺，由此广州真正开启了建城的历史。毋庸置疑，番禺是岭南地区当之无愧的建城首选，其所具备的地理、交通各方面条件都难以替代，何况那时番禺已是公认的岭南中心，在社会、商业活动以及文明接受程度上比岭南其他地区要先进得多。清代文献学家仇巨川在《羊城古钞》中如此描述古番禺城的方位："大海环其东，众水汇于前，群峰拥于后。"可见番禺不仅地理位置重要，而且地方环境优越，极具形势气势，其山环水绕、陆海通达的格局得天独厚，又吻合风水理学、方位气候等隐含要素，还有一点不可忽略，民间流传番禺之地素有"王气"，足以称霸一方。有传说称，秦始皇占据岭南后，就听信番禺有"王气"之说，为此他特地派人凿断了白云山与越秀山之间的马鞍岗地脉，用意是切断"龙脉"，以防岭南出皇帝。假如传说为真，那么秦始皇这"龙脉"就可能切错了方位，或者根本就起不到效果，因为在他死后不久岭南果真出了"皇帝"，虽然不过是一方称雄的"皇帝"。屈大均在《广东新语·宫语》中这样说："广州背山面海，形势雄大，有偏霸之象。""偏霸"一词，妙哉妙哉！

任嚣进入番禺后，首先出于军事的考虑，选择在"楚庭"附近的番山和禺山之间（今越华路到仓边路一带），修建城防以作立足之本，即在原城防的基础上加筑城池，但限于当时的人力物力，建成的城池规模很小，史书称"袤四里"，按现代考证面积不到0.15平方公里，后人记称为"任嚣城"，正式名称为番禺城，可以认为这就是今广州城的雏形。北宋唐垧在《唐垧记略》中称"旧有城在州之东，规模近隘，仅能藩离官舍暨中人数百余家"；北宋时曾任广州主簿的郑熊在《番禺杂记》中记："今城东二百步，小城也。始嚣所理，后呼东城，今为盐仓，即旧番禺县也。"至今人们大都把秦朝设立南海郡的公元前214年看作是广州建城元年，而按任嚣最早在番禺修筑城防和由泷水万人城迁至番禺的记述，则有可能更早或者稍晚。

番禺城的出现，拉开了广州迄今两千多年来城市建设的序幕，奠定了其作为岭南中心城市不可撼动的地位。历史上，这里曾两次建立都城，一次是秦末汉初的南越国，一次是五代十国的南汉国（初为大越国）。秦汉以后，广州一直作为岭南地区的政治、经济、文化中心以及中国与海外文明沟通的重要窗口，尤其是商业的发展开启了“千年商都”的历史。三国时期，东吴分交州以东而设置广州，“广州”之名正式进入历史的视野；唐代广州城已形成牙城、子城和罗城“三重”格局；宋代扩筑了东城和西城而成“三城”，有“青山半入城，六脉皆通海”之称；清代将城区拓展至珠江边，形成了今天广州老城区的格局。1921年广州市成立，孙科任第一位市长，是为广州建市之始。1949年之后，广州的城市规划和建设不断扩展，1978年以来又成为国内经济改革开放的前沿城市，至今已成为全中国数一数二的现代化、国际化大都市。算起来，从公元前214年至今，广州已是一个具有2200多年历史的古城，在世界历史名城中仅次于古罗马、雅典等少数几个城市，比巴黎、伦敦、莫斯科等城市的出现都要早。

南海郡下置番禺、龙川、博罗、揭阳四县，任嚣出任统制岭南三郡的南海尉，赵佗则被任命为龙川令。这一任命乍听起来有些令人费解，因为赵佗可谓平定南越的第二号功臣，自始至终都参与了讨伐战争，出征时官职已居武尉之列，先为屠睢副将，后为任嚣副帅，有勇有谋，青年老成，为什么仅仅封了个南海郡治下的龙川县令，而不是桂林郡或象郡中的一个尉？这一问题，史志文献中均不见提及，历代的研究者也似乎不当回事，接近的说法则含糊其词，不着边际：有说桂林、象二郡均没有设置守、尉之职，由南海郡及南海尉监管；有说岭南三郡都不设守只设尉，首任南海尉为任嚣，首任桂林尉为刘逸，首任象郡尉为方弼；有说秦朝在岭南实行的郡县制与其他各郡不尽相同……换一个角度看，或许赵佗不被任命为郡尉而只被任命为县令，根本就不需要提问讨论，值得探究的是，岭南初定，越人势力仍然强大并尚未驯服，而岭南与中央的联系又不便捷，山高皇帝远，首要之务当然是守护巩固，稳定局面。南海郡作为岭南中心，其东面与闽赣相连的门户无疑是重中之重，因此将赵佗放到龙川去做县令，绝不能说是受到轻视，而应该是朝廷或任嚣的英明之举。

龙川令确确实实是一个要职，其重要性明显区别于其他县，因为当时的龙川，地理形势和战略地位非常突出，掌握了龙川，就意味着在岭南东部控制了东南西北四面的通道。置县之初的龙川，可不能与今天的龙川同日而语，幅员相当辽阔，辖境约东起今福建云霄、诏安、漳浦，西至赣粤边界的九连山，北及今江西、福建地界，南临大海，西南还有今惠州部分地区。龙川不但地域宽广，交通也相当发达，是以水路交通为主、联系南北交通的重要枢纽，可以连通韩江、赣江、珠江几大水系，向东可达闽越，向北可溯余干，向南可抵南海，顺东江水道可直达番禺。陆路方面，有秦通越新道中的东线经过，即自福建南部过揭阳岭而进入广东的一条通道。此外，龙川的北面、西北面、东北面分别据有铙钹山隘、猴岭隘、铁龙隘等天然关隘，是扼守岭南腹地的要冲。清嘉庆年间的《龙川县志》记称其为扼守“三省咽喉”“水陆要路”的险要城邑，并对此有如此评述：“居郡上游，当江赣之冲，为汀潮之障，则固三省咽喉，四州门户，可不谓岩邑哉。”

由此可见，赵佗得任龙川令，是被委以重任的，而龙川也成了他的福地，成为他南越霸业的滑翔起飞之处，《水经注·泿水》有言：“赵佗乘此县而跨据南越矣。”赵佗这个名字，是随着他征战岭南后来又建立了南越国而浮现及定格于历史时空的，关于他之前的事迹并无记述，《史记》《汉书》等史书文献都说他是真定县（今河北正定县）人，大约出生于公元前240年。这个真定县，设立于汉高祖十一年（公元前196年），意为“真正安定”；秦朝时叫东恒县，属巨鹿郡；战国时则属赵国。也就是说真定这一县名出现在赵佗出生40多年之后，史书所载他为“真定人”其实是汉称，而按出生出身，说他为战国末期赵国人更为恰当，或者说是巨鹿郡东恒县人。有某种贬低的说法称赵佗起初不过是秦国消灭赵国时被充军的流民，其时还是个未完全成年的男丁，卑贱得不配拥有原来的名姓，因来自赵国而被指为“赵”姓，佗指“他、他人”，意思就是“来自赵国的他”，用现在的话来说就是“那个赵国的谁”。若真如此，赵佗可谓“英雄不问出处”的最早和最强版本，没有之一。

清晰可知的是，赵佗在公元前218年，即以尉官之职担任主帅屠睢的副将参与征讨百越的战争，后来又被封为副帅随主帅任嚣率军平定岭南，时间是公元前214年。按此推算，他被封为龙川令时，也还不足30岁，年纪轻轻即锋芒毕露，难怪受到独掌岭南大权的“东南一尉”任嚣的器重，在任嚣临终之际，不惜假借皇命让赵佗继任南海尉，并将深思熟虑却又未能完成的割据大计全盘托付。老谋深算的任嚣，可以说是促成赵佗开创南越霸业的第一推手。

或许作为“千古一帝”的秦始皇都意想不到，他为了巩固岭南而给予南海尉独立专断的特权，竟然给任嚣创造了可乘之机，唤醒了从战国时局中走来的任嚣心底并未熄灭的诸侯之梦。岭南地处偏远，独占一方，易守难攻，具有可实行割据的政治、军事、地理等方面的有利条件；同时，岭南土地肥沃，物产丰饶，河海相通，又具有可实现自力更生的经济、生产、贸易等条件。任嚣全面掌握军政大权，一手实施对岭南的管治，野心渐渐滋长，自然而然就产生了脱离中央政权、划岭自治的想法。由此，他深谋远筹，构思了一套割据岭南的战略性计划，耐心等待可以付诸行动的时机。

再说赵佗，在就任龙川令之后，当即展开了一系列有利于长治久安的治理措施，主要有以下几个方面：一是筑城营防，护境屯兵，在今龙川县佗城镇，修建了一座方形的土城，建立军事、政治据点；二是抚绥教化，和济粤众，一方面动员南戍将士安居落户，另一方面吸纳当地越人参军参政，除上书朝廷“求女亡夫家者三万人，以为士卒衣补”，还鼓励迁徙而来的“中县人”与南越族通婚，加快民族融合；三是促进生产，发展农业，推广先进生产工具，传授耕作制造技术，开荒辟田，兴修水利；四是兴教办学，推广汉字汉语，传播中原文化，推行礼乐典章。

龙川“佗城”与番禺“任嚣城”，修筑于同一年，是岭南最早有史籍记载的城邑，也是广东省首批公布的历史文化名城之一。佗城建成后，即成为粤东重镇，历代曾是县、州、郡、路治所，现今古佗城内外仍保留着越王井、越王庙、赵佗故宅、赵佗台、赵佗驽营处等与赵佗相关的遗址遗迹。有调查研究称现在的佗城镇有姓氏179种，光一个佗城村就包含了140个姓氏，为赵佗任龙川令时的移民落户措施提供了有力的证据，据说随他征战南越的士兵绝大部分都留在了岭南，相当一部分留在龙川。唐朝龙川籍翰林学士韦昌明在《越井记》中以“厥土沃壤，草木渐包，垦辟定规制”来描述赵佗于龙川开辟生产的功绩。现代有学者研究称，赵佗于龙川“凿井以汲水、灌田”，所开凿的水井，恐怕是岭南打井的最早记录，其中以赵佗故宅中的越王井最为闻名。

赵佗对龙川的影响深远，无疑与他上述的这些做法取得了明显成效有关，他由此显现出来的卓越的地方管理才能，为他之后治理南越国提供了良好的借鉴，在此意义上，龙川成了他的试验场。龙川，民间流传该地曾有龙穿出，龙穴流出泉水，因而得名。清嘉庆年间的《龙川县志》则如此记述：“邑有龙潭，自鳌山分注会于川，故名。”也有人说，赵佗是龙川穿出的第二条龙，他在霸业未起之前先行蛰伏龙川，实为命运使然。

赵佗在龙川表现出来的着眼于长远目标的才干，也使任嚣对他倍加看重，视为心腹，对他毫不隐讳自己的割据构想。这两个同样具有雄图霸业之梦，又共同将命运及理想与岭南捆绑到一起的人物，其实一直惺惺相惜，任嚣的老成持重和赵佗的意气风发，也恰好构成了对应及互补。在任嚣与赵佗的谋动之下，一个据地而守、分邦自立的国家仿佛已呼之欲出。如果说秦始皇发动的岭南历史上第一次时局风云是由任嚣和赵佗去掀开的话，那么第二次大规模的时局风云，也同样将由这两个人掀开，只不过动机截然相反，前一次是统一，后一次是独立，中间相隔的时间不过是十年左右。

平百越者谋岭南。岭南特殊的地理位置，天然的据守与自治条件，终究使任嚣和赵佗这两个受命运驱使而来的闯入者，抑制不住内心对独立割据的强大骚动，岭南最终成就了赵佗，而赵佗也成就了岭南，他注定与这一方水土血肉相连，灵魂相依。

称王前的布局

公元前210年，秦始皇在出巡途中猝然病逝，随行的近臣赵高挟持丞相李斯篡改遗诏，逼迫皇太子扶苏自杀，改立皇幼子胡亥为帝，是为秦二世。包藏祸心、趁机上位的赵高，自此控制朝政，指鹿为马，不可一世，把秦朝的暴虐苛政推向了顶峰，由此招来了大规模的起义抗争，致使秦王朝迅速地走向了衰亡。秦二世胡亥只做了三年傀儡皇帝，就被赵高谋害致死，另把秦始皇的嫡长孙子婴推上空虚的帝位，是为秦三世，也就是秦朝的最后一位皇帝。子婴即位五天，便设计将赵高处死并诛杀全家，意图挽秦朝于狂澜。然而此时农民起义已是烽火燎原，不可逆转，秦三世在位不过46天，秦朝便宣告覆灭。秦始皇创立帝号时希望子孙后裔千世万世传承的梦想，竟然仅仅传到三世就成为泡影。

秦始皇是中国历史上一个功过是非同样显著的人物，他一方面统一了全国，建立了中央集权制，又统一了货币、文字和度量衡，对政治、经济、文化以及历史的发展都起到了积极的推动作用；另一方面又以苛政压榨百姓，横征田口租赋，频加兵徭之役，实行株连恶法，尤其是大兴土木，广筑边防，连年征发民夫、囚徒到边远地区从事苦役，致使民不聊生，怨声载道；再一方面在晚年沉迷黄道之术，幻想长生不老，犯下“焚书坑儒”这样的滔天罪行。公元前209年，即秦始皇死后的第二年，以陈胜、吴广为首的900多名难民，在蕲县大泽乡（今安徽宿州）揭竿而起，反抗秦王朝的残酷压迫，这是中国历史上第一次大规模的平民起义。随后，各地民众纷纷响应，风暴很快就席卷了大半个中国。在天下大乱、群雄并起之时，项羽、刘邦分别统率的两支义军，渐渐脱颖而出，成为反秦武装中最为强劲的主力。公元前207年，自以为强大无匹、坚不可摧的大秦帝国轰然倒塌，仅仅维持了15个年头。接下来，项羽、刘邦两股主要灭秦势力，又展开了长达五年的争夺政权之战，这就是历史上著名的“楚汉之争”，最后，刘邦取得了胜利，于公元前202年建立了汉朝，临朝称帝，史称西汉。

就在中原时局混乱、烽火漫天之际，远在岭南、伺机实行割据大计的任嚣，觉得这正是天赐良机，欣喜若狂。群雄逐鹿中原，意味着谁也不会注意到偏于一隅的岭南。而岭南长期分岭而治的状态、驻兵数十万的实力和重山阻隔的地形，无疑为划岭割据提供了极其有利的政治、军事、地理条件，此时乘势而起，保一方免受纷争，独立生息，可以被认为是人心所向，天命所归。又观其时天呈异象，“五星会东井，倍于南斗”，即出现“五星相会，背于南斗”的天象，有占卜家认为东井为秦分，南斗为南分，两分相背，是秦亡越霸之象，“故五星聚东井，余气及于越门，而南武霸业以立”（见《广东新语·天语》）。任嚣本身也识天象，对此笃信无疑，觉得天时地利均已具备，就等待一举而发了。谁知乐极生悲，他竟然就在如此至关重要的时刻一病不起，药石无效，自知大限将至，只能徒呼无奈，由此，他把希望全部寄托到自己最器重和信任的赵佗身上，命人将赵佗从龙川紧急召到病榻前，屏退左右人等，托付绝密后事："闻陈胜等作乱，秦为无道，天下苦之，项羽、刘季、陈胜、吴广等州郡各共兴军聚众，虎争天下，中国扰乱，未知所安，豪杰畔秦相立。南海僻远，吾恐盗兵侵地至此，吾欲兴兵绝新道，自备，待诸侯变，会病甚。且番禺负山险，阻南海，东西数千里，颇有中国人相辅，此亦一州之主也，可以立国。郡中长吏无足与言者，故召公告之。"

这段话见于《史记·南越列传》中，任嚣在分析形势的同时，表达了理想未竟的遗憾，希望赵佗能够代替他去完成，实现据岭南而立国的宏图，并明确提出了绝道闭关、自固强备、负险立国的英明策略。临终之际，任嚣最后行使"东南一尉"特权，令人传告岭南三郡，假借秦中央王朝的诏令，命赵佗代理南海尉之职。岭南本就山高皇帝远，又处在秦王朝岌岌可危之时，根本就无人顾及这份诏令的真伪，也可见赵佗继任南海尉，实为任嚣为赵佗安排的割据岭南的前奏，只有先行掌握号令岭南的全面大权，才有可能迈出运筹帷幄的步伐，而之后的道路就得靠赵佗自己去走了。

所谓"人之将死，其言亦善"，任嚣临死前的一番话，包含了对朝政的失望、对时局的担忧、对地方和出路的思考以及堪称"谋逆"的应对，尤其是最后说番禺"可以立国"的论断，足以名垂青史。史书中未见提及赵佗听了这一番话之后的反应，然而可想而知一定深受触动，可能恰好与他内心早有酝酿的想法不谋而合，甚至可以进一步认为，任嚣的临终嘱托，消解了赵佗心中的担忧及疑团，由此坚定了他自立的决心与行动。当然，以任嚣一贯对赵佗的器重、信任，又联想“郡中长吏无足与言者，故召公告之”之语，或许赵佗对任嚣之前的筹划并非一无所知，很大可能他们早就成为同谋者。假若赵佗事先并未有所察觉，更没有任何参与，任嚣也不可能在生命濒危时将如此沉重而危险的担子一下子搁到赵佗身上。

任嚣病逝，享年62岁，时为公元前206年。赵佗将他进行厚葬，选择番禺城西的风水宝地立墓。后人考证任嚣墓于今光孝寺附近，宋代流贬岭南的名士方信儒作有《任嚣墓》一诗，在诗注中记：“任嚣墓，《番禺杂志》云：‘嚣庙在今法性寺前道东四十余步，广民岁时享之，墓在庙下。’法性寺今光孝寺也，而墓与庙已不复存。”诗记引述前人之称说光孝寺旁边有任嚣庙，庙下面就是任嚣墓；屈大均在《广东新语·坟语》中说：“光孝寺后有楚冢，宋时有发之得宝玉剑佩之类。予疑楚冢即任嚣冢。盖嚣墓相传在南海县治西北二里，光孝寺正其地也。”这里指出宋代时就在光孝寺后面发现疑似任嚣墓的古墓；民国时期，时任广东省教育厅厅长黄麟书经仔细考证，认为任嚣墓在光孝寺东侧（今广东迎宾馆内）的一棵古榕树下，并撰写铭文，立碑以示。

任嚣任职南海尉期间的政治功绩，极少有人说起，所有的重心大抵都放在他起用赵佗托付大计这一焦点上面，屈大均在《广东新语·坟语》中记述任嚣墓时略有提及，说他“抚绥有道”“恩洽扬越”“于是民夷稍稍安辑”，可见任嚣作为岭南地区前期统一的最高长官，在行政管理上颇有一番作为，至少赢得了一段时间的民众安定，个人也获得了较大的声望影响，这也是他在临死之前能够假借诏令促使赵佗顺利继任南海尉的一个原因。明代学者黄佐对任嚣的功绩也予以了肯定，认为秦末天下大乱，“而南海晏然，不被兵革，嚣之力也”（见阮元编纂《广东通志》）。此外，任嚣虽然是促成赵佗开创南越霸业的第一推手，可以说没有任嚣就没有赵佗，但是在后世的岭南，他却不免显得声名寥落，南宋诗人方信儒在《任嚣墓》诗中曾发出如此慨叹：“枯坟曾阅几兴亡，行客徘徊古道傍。茅屋一间无处觅，可怜不似楚昭王。”

事实证明赵佗不但没有辜负任嚣的期望，而且他的计谋和行事比任嚣还要缜密，有过之而无不及。在宣告继任南海尉后，赵佗旋即行使职权，发出檄文通告横浦、阳山、湟溪三关守军，称“盗兵将至，急绝道聚兵自守”。赵佗在此玩了点心计，表面上是说中原叛军（起义军队）将要南犯，因而要切断通道，增加兵马防守，实际上是为了防备随后闻讯有可能前来镇压的秦军。当然，这一考虑后来显得多余，因为秦朝很快就彻底灭亡了，但就当时来说不失为一个名正言顺的绝妙借口，也从侧面说明赵佗思虑周到。横浦、阳山、湟溪三关，处在秦朝开辟的两条新道上，扼守水、陆通途，是北面连通岭南的必经之处，也是其时进入岭南最方便快捷的道路，《读史方舆纪要》称为“战守必争之地”。这正是任嚣临死前所嘱咐的割据计划的第一步：绝道聚兵。在关闭关隘、切断通道的同时，又加派自己信得过的兵将前去驻守。

第二步是诛异代羽。这一步骤并未在任嚣所嘱咐的计划中，但赵佗深知自己的南海尉之职是假借诏令而代之，来得突然且不够正当，未必人人信服。加上南海郡许多官吏都是秦朝廷直接派任的，对赵佗的号令表现出不合作或者面和心不和态度者有之。于是，赵佗从苛刻严格的秦朝律法中找出种种借口，以违犯律令为由将那些不服从的秦吏一一诛杀清除，换上自己的心腹党羽，“稍以法诛秦所置长吏，以其党为假守”（《史记·南越列传》）。话说，秦朝的律法，名目繁多，残酷严厉，以轻罪重刑、连坐同罚为主要特色，量刑标准又具有长官决断的特点，因此要给一个人安上一条或多条罪名并不难，赵佗算是刻意去钻其时的法律空隙了。

又在此时，处在桂林郡、象郡境内的一些越人部族，获知中原义军得势，也闻风而动，纷纷自立旗号，称王称霸，最典型的如前蜀国王子开明泮占据交趾（今越南北部）而自称安阳王，直把南海郡乃至秦朝廷抛到了脑后。其时赵佗的实际控制之地，不过是南海一郡，在桂林郡、象郡的可靠力量较为薄弱，他在南海郡实行绝道闭关的同时，也急于钳制岭南另两侧的门户，于是打着平乱的旗号乘机发兵，一举兼并了桂林郡和象郡。由此，赵佗完全稳固了对整个岭南的绝对统领和节制大权，为接下来在岭南地区的全面称王奠定了基础。

桂林郡和象郡的兼并，使赵佗的声威和影响力急剧提升，也使原先对赵佗继任南海尉心怀不服或观望的各方势力彻底改变态度。此次战争，其实不过是收拾了一个安阳王国，其他叛军在安阳王战败后纷纷不战而降。安阳王国就是瓯雒国，战国末期，秦国消灭了蜀国，蜀王之子开明泮带着一支蜀人残部，流落到交趾，吞占了原于此地的文郎国，收拢了一些西瓯、雒越部族，建立瓯雒国，自称安阳王，都城设于古螺城（今越南河内东英县）。秦朝统一岭南后，将交趾纳入象郡，开明泮表面归顺，其实一直我行我素。这回闻知秦朝将灭，任嚣病死，又再次扯起安阳王大旗，他仗着手下有一个善于制造神弩的能人皋通，公然不服赵佗的号令。据《交州外域记》（已散佚，后来引述文字多为从《水经注》转引）载：赵佗率军来攻安阳王国时，皋通制造了一张能一发射杀三百人的神弩，南越军尝到厉害，不敢前进。于是赵佗设计派太子赵始前去诈降，刺探神弩秘密。安阳王的女儿眉珠，见赵始长相不凡，与之私通。有一天赵始假装好奇，叫眉珠取神弩来观赏一下，眉珠不知是计，从父亲那里偷了过来。赵始悄悄将神弩锯断，随即溜之大吉。神弩一毁，赵佗即刻指挥大军进攻，安阳王大败而亡国。《交州外域记》的记载颇为神奇，有较大的传说成分，可谓“美男计”的一个演绎版本，不可作为史实，然而赵佗灭安阳王国却是历史真实事件，是他全面钳制岭南的转折点，自此再无一个部族敢公然违抗。

第三步是筑城固防。这是最为关键的一个步骤，也与任嚣提到的“自备”之策吻合。具有远见卓识的任嚣，早在初入岭南时，就在北江上游处的乐昌泷口筑城置兵，也即“万人城”，后人亦称为“任嚣城”，扼守由湘入粤的武水。清代学者李调元在《南越笔记》中有如此描述：“秦新道惟此泷中最险，彼北从湞水、西从漓水以入者，险皆不及。”这指的就是武水抵达乐昌的一段水域，即任嚣筑城之处最为险要，即便是从北面的湞江和从西面的漓江进入，都没有这样的险要位置。武水和湞水，同为北江的重要支流，前者由湖南临武东流入粤，后者由江西信丰南流入粤，于韶关交汇而成北江。赵佗选择在武水“任嚣城”的河对岸，加筑了一座“赵佗城”，以两城夹峙、互为声援之势，隔断通往岭北的险要水道，并且与附近的湟溪关关防联为一体，形成了较大范围的防卫区，起到“壮湟溪”的军事效果，不仅可以更为有效地阻击敌军南下，同时又对湖南部分地区起到了一定的控制作用。

除了加筑“赵佗城”，还新筑“仁化城”。仁化地处南岭山脉南麓，是粤、湘、赣三省交接地，被喻为“唇齿咽喉”（见明嘉靖年间胡居安主修《仁化县志》），属防卫前沿之一。赵佗选择在仁化北面一百三十里处筑城，又与横浦关连接起来，起到“壮横浦”的军事效果。对于赵佗在乐昌、仁化二地的筑城之举，后世评价颇高，屈大均在《广东新语·地语》指出：“仁化接壤桂阳，乐昌接壤郴州，当时东岭未开，入粤者多由此二道。”而赵佗在乐昌、仁化筑城，就可防备从南安（今江西境内）及从郴、桂（今湖南郴州境内）直趋而入粤的敌军，“此佗设险之意也”。

在毗邻边界之地修筑城池，目的在于与关隘结合，壮大防线，巩固防守，加强策应。除“壮湟溪”“壮横浦”之外，赵佗还在今清远的英德、清新各修筑了一座万人城，又与洭浦关连接起来，起到“壮洭浦”的军事效果。这两座万人城以北江为中心，分别扼守浈阳峡上游和下游方位，与位于洭水、浈水交接处的洭浦关夹江而布，连成一个较大的军事三角区。清远自北江下番禺，古时仅一宿行程，故清远曾有“中宿”之名，意味着次日即可抵达，即指清远实为番禺的北面大门户，其重要性不言而喻。赵佗在英德、清新加筑万人城，作用显而易见，就是有利于驻守这一军事大三角的兵马北上驰援各处或南下保卫番禺。

除了在乐昌、仁化、清新、英德新筑防御城池，赵佗还加固扩筑了郡城番禺城。番禺城靠山面海，东江、西江、北江三道大江在此交汇，形成辽阔的珠江三角洲水网，河道和海道均非常发达，可以直接与内陆各地以及海外国家通航。因此，番禺城的水路防御十分重要，秦军起初攻占番禺时，正是依靠了强大的“楼船”而披荆斩棘。楼船是一种体型巨大、外形似楼的战船，可远攻又宜近战，在水战时往往是主力战舰。赵佗深知要阻挡楼船的进攻，就必须巩固和扩展城池，为此，他依托番禺城原有的基础，将原本“袤四里”的“任嚣城”扩建为“周十里”的“赵佗城”，并加固加高城墙，增设防御口，为接下来的南越国建都做好了准备。根据现代的考证，赵佗扩建后的番禺城，南界大约在今中山四路向南三百米左右，西界大约至今人民公园，北界大约在今越华路，东界在今仓边路。

为确保番禺城万无一失、固若金汤，赵佗继而采取“屯兵石门”的措施。石门位于番禺西北面约四十里，两山夹江耸峙，形成峡谷天险，为古代西江和北江入城必经的交通要冲。赵佗的想法非常明确，倘若北江中上游的关城都不幸沦陷，那么凭借石门天险，还可形成最后一道保障番禺城的防线。民间流传番禺城中的越王井暗通石门，说有人曾把一只酒杯投入井内，几天后，这只酒杯竟在三四十里外的石门浮了出来。这个传说，或许可以看作是石门之于番禺城互为依托的一种演绎。后来的事实证明，石门确实就等同于番禺城的一道外城门，石门被攻破，番禺城则不保。屈大均在《广东新语·事语》中记述汉朝大军讨伐南越国时，正是由于攻下了石门而取得了关键性的战局进展，“陷寻峡，破石门，则南越之险夺矣”。赵佗虽然精准地判断出石门天险的重要性，只可惜汉军攻来时他已经作古，而后世南越王又过于窝囊无能。

这样，通过周密精细的筑城固防，赵佗部署了以番禺为中心的三道军事防线：最外面的一道防线，以湟溪、阳山、横浦三关为主，辅以乐昌城、仁化城，使得关、城连为一线，互为犄角，这道防线的兵力最强；第二道防线，集中于南海郡中北部，以北江中游为中心，在英德、清远两座“万人城”布防，配置相应的兵力；第三道防线则是石门要塞，专门驻扎一支军队。

绝道聚兵、诛异代羽、筑城固防，是赵佗南越称王之前经过深思熟虑所作出的布局，这其中有着任嚣生前所作的铺垫，但主要还是赵佗的精心谋划以及雷厉风行。在布局之中，赵佗始终保持着缜密的心思，维持着对时机的把握，并且他做到不动声色，能够顺利无虞、令人信服地代理南海尉，又能够按照步骤、毫无阻力地完成系列计划，更能够借机行事、先发制人地兼并整个岭南，树立起不容置疑的威望及公信力，不能不说确实是具有治国经略的帝王之才。

南越国应运而生

三道层层呼应的防线加上对桂林、象二郡的适时兼并，赵佗完成了称王之前对岭南的周密布局，可谓万事俱备，只欠东风。而这一“东风”很快就吹了过来，就是由“秦为无道，天下苦之”而导致的“中国扰乱，未知所安”局势。社会稳定安宁，是苍生之所念，黎民之所望。其时秦王朝已然不复存在，刘邦虽然在楚汉之争中稳操胜券，但汉王朝尚未正式建立，天下百姓陷于离乱无依，社会秩序、生产等陷入停滞，生活不得安宁。岭南地处偏远，除西瓯、骆越一些零星部族短暂的闻风而动外，基本上未接驳上反秦武装争权夺利的漫天战火，可谓暂得一时平安。但这样的状态显然也不利于维持稳定，更谈不上开展社会活动和安居乐业，还有最值得担忧提防的一点，就是不知接下来会不会有哪一方势力前来趁火打劫。

问题清楚而迫切地摆在面前，秦朝已亡，岭南三郡已成为前朝遗留，无主无名，是另投明主还是自立为主？两者权衡，自然是后者呼声更高，因为岭南与中原地区素有隔阂，又没有参与到反秦的行动之中，也不知该投靠哪一方会更划算一些，更搞不清假如投靠了会不会有好果子吃，何况轻易另投于人毕竟心有不服、情有不甘。而随着赵佗的能力和声望日盛，南越各部对他的期望也越来越高，信哪一位不沾边的大神都不如信身边这位强人，寄人篱下不如自扎栅栏，由此，独立为国顺理成章，水到渠成。任嚣和赵佗耗费心力、暗中运作多年的割据计划，竟在时势所趋中获得了一个应运而生、名正言顺的美好结果。

公元前203年，赵佗宣布划岭自治，建立南越国，自称南越王，定都番禺城，岭南历史上第一个王权国家诞生了。赵佗宣布南越国建立的时间，实际上比刘邦定都长安、登皇帝位还早两年，因此南越国应被视为从垂亡的秦王朝中脱胎而出，可与汉朝比肩而立的国家，只是远不及对方势雄地大，仅可“自保一方，兵力震于荒裔”（见梁廷枏《南越五主传》）。在后来的研究中，有一些史学家持赵佗“叛汉立国”的观点，实属无稽之谈，顶多只能说赵佗在那时并不顺应汉王即将占取天下的大势，从另一角度来说也可认为他是一个不畏强梁的英雄，其时中原地区倍受战乱之苦，而岭南除了赵佗打击安阳王，可以说是并无兵灾，能在天下大乱中保一方安稳，功莫大焉。接下来的事实证明，赵佗恰好是一个顾全大局、向往和平、心系安定的人，正是因为识大体、明大义，才会有后来南越国“臣服于汉”的和缓共处局面。

南越国成立之初的赵佗，无疑暗暗立下了永统岭南、长据一方的梦想，也预料到中原重归一统后，汉王朝只要稍事喘息，就必然会对岭南加以染指。因此他将加强边境防卫当作立国后的第一要务，在称王之前的防线布局上更进一步，又在广东东北部和福建交界处加筑了蒲葵关，在广西北部强化秦城、严关的防卫并在桂岭设防，配备充分的兵力武装。一为抗衡有可能不久就会前来征伐的汉朝大军，二为防备毗邻势力如长沙国、闽越国的侵扰。蒲葵关的具体位置，实际上在现在的福建漳浦，位于今漳浦和云宵交界的盘陀岭上。秦平岭南后以此划分东南二越界，盘陀岭以南属南越，盘陀岭以北属闽越，因其时岭上有很多蒲葵树，故又称蒲葵岗，赵佗所筑的关隘亦称为蒲葵关，清康熙年间《漳浦县志》有载："蒲葵关，汉南越故关也。"

这样，就形成了一条自东往西构筑的长达数千里的漫长边防线。这条边防线，东起闽粤之交的蒲葵关，串连起横浦关、阳山关、乐昌赵佗城、连州关防，历桂岭而到广西的严关、秦城，其中关城互为犄角，又与岭南内侧的第二道防线交相呼应，几乎贯穿了整个南越国的内陆边界。

南越国自行划占的土地疆域，大体就是秦朝所设的南海、桂林、象三郡所辖范围，依南岭，傍南海，出西东，向东与闽越相接，向北连接长沙国（今湖南境），向西毗邻夜郎（今贵州境）、句町（今云南境）两国，向南达到越南北部、中部。当代中华民族史专家何光岳在《百越源流史》中如此指证南越国最盛时的疆域范围："东包汀江以东的福建永定、平和、漳浦，与闽越相接；北以五岭山脉与长沙王吴芮相连；西至广西环江、河池、东兰、巴马、德保、百色一带，与句町国、夜郎国为界；南达越南北部、中部的大岭，与马来人原始部落相邻。"这与历代史志的记述大体相符，从立国到消亡，在近百年的风雨飘摇之中，南越国的疆界，基本上未发生过什么变更。

应运而生的南越国，也可以说是在夹缝中崛起。汉室的纪年，是从公元前206年起算的，只不过那时刘邦名义上还是汉王而不是汉帝，而且这个汉王还是项羽封给他的，直到公元前202年，刘邦彻底打败项羽，才得以正式称帝，天下归汉。当然“天下归汉”也是打了一点折扣的，像秦始皇统一天下时一样，北方的匈奴和南方的南越，仍然没有收归入朝廷的版图，还有一些诸侯势力依旧时不时制造骚乱。这个时候，刚刚从惨烈的楚汉战争中回过神来的西汉王朝，自然无暇也无力将征伐的长鞭伸向遥远的岭南，恰好给南越国制造了乘乱而兴的可行之机。擅长把握机会和命运的赵佗，利用这个奇妙的空隙，迅速促使南越国从独行起步的踉跄中站稳，到汉王朝终于在天下甫定的忙乱中缓和过来时，南越国的一系列治理措施已初显成效，国力见盛，不可小觑。由此，汉高祖刘邦不得不收束全盘吞并的野心，采取和睦政策，一方面承认南越国的存在，一方面又要求南越国臣服于汉，其方法是：借鉴秦朝的郡县制开创郡国并行制，南越国作为西汉的一个藩属国，对汉称臣，分封赵佗为南越王。而赵佗也审时度势，从顾全大局、和平稳定又不失气节考虑，在摆了一番姿态之后，表示愿意奉行汉诏，对汉称臣，受汉朝的律法约束。公元前196年，南越国正式成为西汉的一个诸侯国，史学上多称这种附属国为外诸侯国。

在此之前，为了表彰合力击败项羽兵团的各人功绩，刘邦还先后分封了楚王韩信、梁王彭越、淮南王英布、韩王信、赵王张敖、燕王臧荼、长沙王吴芮七个诸侯王，史称“异姓诸侯王”。这里的楚王韩信和韩王信，都叫韩信，但差别很大，楚王韩信出身平民，生有大志，天性隐忍，曾受“胯下之辱”而不以为耻，后投军从戎，屡立战功，成为刘邦麾下元帅、西汉开国功臣，与张良、萧何一同被誉为“汉初三杰”；韩王信出身贵族，是战国时期韩国国君韩襄王的后人，因为带领韩国归汉，退让封地，所以被刘邦封为韩王。然而刘邦当上皇帝并未多久，又对这些手握重兵、各制一方的异姓诸侯王心存猜忌，急欲消除，致使燕王臧荼、梁王彭越、淮南王英布等相继谋反，韩王信被迫出走匈奴。各路诸侯王的反叛，加上对北方匈奴的征讨，开国之初的汉朝外忧内患，形势窘迫，人口锐减，经济凋敝，亟须休养生息，根本没有余力顾及五岭之外的南越国，或者说那时候刘邦将主要精力都放在对付中原内乱和北方匈奴上，并不觉得赵佗能在偏远荒蛮的岭南掀起多大风浪，因此起先只是虚张声势，以为利用封王的方式就可控制赵佗。

据史料记载，公元前202年，刘邦称帝之时，就曾传下诏书：“以长沙、豫章（今江西境内）、象郡、桂林、南海立番君芮为长沙王。”由此可以看出，那时候的刘邦根本就无视南越国的存在，而自顾自将南越国属地象、桂林、南海封给了长沙国，并且其时象郡已被南越国划分为交趾、九真二郡。不光如此，他还在越城岭至骑田岭一线的汉越边界布置了重兵，派遣两位将军带兵长驻长沙国，名为辅助长沙王，实为监视南越国。吴芮是豫章余汗（今江西余干）人，春秋时吴王夫差的后裔，原为秦朝鄱阳县令。秦末，陈胜、吴广于蕲县大泽乡起义，吴芮率先起兵响应，是秦朝官吏中反秦第一人，他的行动，使不少秦朝官吏及地方义军相继率部下归附，尤其是江南一带的吴王夫差旧属。其中包括淮南义军首领英布，吴芮赏识英布作战英勇，便将女儿嫁给英布为妻。随后，吴芮加入项羽的阵营，攻占咸阳，被封为衡山王。吴芮有一个至交好友，就是刘邦手下的第一谋士张良，受张良规劝，他毅然弃楚归汉，西汉立国后被封为长沙王。

可怜长沙王吴芮名义上获得了五个郡的封地，但除了长沙和豫章，另外三个郡不但一步都没有踏入过，反而像烫手的山芋，食之不得，扔之不甘，并且这烫手山芋还像是偷来的，晾也晾不得。还有一点，豫章郡此前也曾被刘邦封给了淮南王英布，因此吴芮控制的长沙国，实际上就只有一个长沙郡。英布是吴芮的女婿，大抵不会引发什么正面冲突，而赵佗这边的矛盾就显而易见了。令长沙王吴芮非常惶恐的是，汉皇帝将象、桂林、南海三郡封给了长沙国，也等于把他作为正面敌人推向了赵佗，而以其时南越国的根基实力，长沙王不仅不敢公然前去争夺自己空虚的封地，相反还得担心赵佗会因此对他发难，弄得惴惴不安，出入不宁，唯有暗暗加强防范。而赵佗对此既不向汉皇帝提出抗议，又不对长沙王作出表态，依然我行我素地经营着那一片在旁观者眼中像是被放到砧板上的地盘。

这或许可以看作是汉越交锋的第一个回合，有点像文斗。刘邦貌似糊涂，实则暗植心计，在不动声色中实施试探打击，他需要的正是这种外部势力之间的相互牵制，待中央权力进一步稳定巩固之后，再作彻底击破征服的图谋。赵佗装聋作哑，即使内心充满情绪，也不露出一点可能引起诟病的举动，他知道自己不能给对方抓住可乘之机，也明白唯有更加强大，才能加重手中掌握的砝码，这远比口中的叫嚣更有效。

以五郡之地接受分封，却不过仅可控制一个郡的长沙王吴芮，虽然对南越国心怀忌惮，在没有朝廷明确的支持下，绝不敢拿鸡蛋去碰石头，但其实一直不甘徒得其名，从未停止过暗中的谋划，期待有一天迎来反转之机。不幸的是，纵使心机耗尽，面对赵佗自秦朝统一岭南后即在此经营的南越，也找不出哪怕是一丝可钻的空隙，备受困扰而如鲠在喉、如芒在背的吴芮，在受封的第二年突发恶疾，一命呜呼，临终前密嘱儿子吴臣，称长沙与南越为邻，如同在虎穴前生存，万万不可有丝毫疏怠，务须防患于前，谋兵于后。吴芮死后，吴臣承袭王位，被汉高祖刘邦封为长沙成王，他一方面加强与南越国的边境防御，一方面大肆招兵买马，同时着意寻找机会向朝廷排挤、打击赵佗。后来，正是由于吴臣不断上书进献谗言，刘邦原本就蛰伏着的对南越国的疑虑之心愈加强烈，于是故伎重演，下诏封南武侯织为南海王，“诏曰，南武侯织亦粤之世也，立以为南海王”（见《汉书·高帝纪》）。汉高祖十二年也即公元前195年，其时赵佗已十上一年正式对汉称臣，在这个节骨眼上再行此举，可以看出刘邦对南越国的暧昧及把玩态度，他绝不会轻易放任赵佗称霸一方，但又一时不能轻动刀兵，因而一边采取以大局为幌子的怀柔政策，一边又以蓄意的割地分封制造矛盾、加强牵制。

“南武侯织亦粤之世也，立以为南海王。”这句话是说南武侯织也是有功勋的越人世家，因此立为南海王。织究竟为何人，为何能身居南武侯？有说法称织并非南越人而是闽越人，原为闽越国的南武侯。不管怎样，南武侯织都是作为汉高祖的一枚棋子而出现的，他意外地被封为南海王，建立南海国，不过是为了削弱、瓦解南越国，南海国领域除了原南武侯封地（今福建武平一带）外，更大的一部分就是南海郡，“今复封织为南海王，复遥夺佗一郡，织未得王之”（见《汉书·高帝纪》文颖注）。也就是说，汉高祖刘邦在上一年封赵佗为南越王之后，第二年又再封织为南海王，并未征求赵佗意见而自顾自将南海郡划给了南海国。刘邦在这里很是自相矛盾，既然之前已将岭南三郡封给了长沙王，意思就是不承认南越国了，接着又接纳赵佗对汉称臣，正式封他为南越王，再接着又将南海郡封给南海王，这样在汉朝那里，岂不是南海、桂林、象三郡之地又属长沙国、又属南越国，而南海郡之地又属南海国、又属长沙国、又属南越国，真是乱套之极。只能这样认为，汉高祖刘邦起初根本无意承认南越国，而且等同于轻视不见，后来看擅自分封于长沙王无效，汉王朝又一时无力征讨，才不得已变瓜分为臣服之策，然而终究心有不甘，又搞乌龙般地把南海郡划给南海国。当然这其中更重要的是试探，刘邦的深层用意，就是想看看赵佗会不会作出对抗的反应。

南海郡是岭南的中心，是南越国的都城所在，刘邦此举，不仅矛盾及可笑，而且充满挑衅，他当然心知肚明赵佗根本就不会理睬，南武侯织也根本没有能力接管，但就是想借此敲打赵佗。很显然这一次不过又是虚封，赵佗依然装聋作哑，而织表面领了一个南海王之名，却不敢踏入南海郡半步，还得担心赵佗会对自己发难，南海国终不过是徒有一片弹丸之地的小国。这一次的汉越交锋，刘邦似乎仍在装糊涂，但不再是暗藏心计了，目的已很明显，他就是要在南越国旁边安插牵制的力量，前有长沙国，再有南海国，并且采取的是制造矛盾的方式，不怕他们产生摩擦，最好能够打起来。这样，短短几年，在刘邦的操控之下，南越国身边已公开站了两位明显的敌人，而最大的敌人——汉王朝就心怀鬼胎地站在背后，随时都有可能撕下面具。

因此，不能不说，在秦末的混乱纷争中应运而生的南越国，同时也在汉初的势力夹缝中艰难崛起。当精明狡诈的刘邦遇到澹明决断的赵佗，彼此的心力博弈堪称一场看不见硝烟的战争，虽然地位和力量大为悬殊，但是赵佗总能化险为夷，迎变而生。假如没有起初那些拉锯式的暗中角力，也许南越国用不了多久就会迎来汉王朝公然讨伐的刀兵，那么一场腥风血雨在所难免。正是在这样的势力夹缝之中，赵佗上对强汉，环对伺敌，内安百越，超乎想象地将一个凭空出世的南越国从空白状态中一步一步地带向繁荣，缔造出一方水土前所未有的安宁昌盛，开拓了古老岭南由蒙昧走向文明的先河，创造了岭南历史上一个承前启后、光辉灿烂的时代。

南越国的中兴

公元前196年，在南越国成立八年之后，汉高祖刘邦眼看岭南在赵佗的治理下焕然一新，欣欣向荣。而西汉王朝尽管政治、经济状况也已大为好转，但自忖依然没有足够的能力前往征服，更何况此时内乱又生，恰逢诸侯王彭越谋反，于是索性承认赵佗南越立国称王的既成事实，派使臣陆贾到番禺传诏，册封赵佗为南越王。诏书全文如下：“粤人之俗，好相攻击，前时秦徙中县之民南方三郡，使与百粤杂处。会天下诛秦，南海尉它（佗）居南方长治之，甚有文理，中县人以故不耗减，粤人相攻击之俗益止，俱赖其力。今立它（佗）为南粤王。”（见《汉书·高帝纪》）

汉高祖刘邦此举，至少有两层用意：一是顺水推舟，彰显大国气度，既然赵佗一贯治理岭南，又已经称王，那么就把南越封给他；二是提醒告诫，普天之下，莫非王土，大秦王朝虽然不存在了，但不要忘了还有大汉王朝。在诏书中，刘邦以君主的口吻赞扬了赵佗治理岭南的功绩，特意点出“中县人以故不耗减”“粤人相攻击之俗益止”这两个方面，表明他对赵佗的一举一动是洞若观火的。这也正是诸多历史文献中所说的赵佗“和辑百越”思想和行动的体现，其最大的作用就是促进了中原人与百越人的融合，使中原人在百越之地能够落地生根，使越人的野蛮习性得以抑止，接受教化，两者和谐共处，携手发展。由此，原本蛮异闭塞、水火难容的南越，不可思议地出现了政通人和、礼乐兴起、百业俱兴的社会局面。赵佗以他超凡卓绝的见识和做法，大手笔涂抹出岭南最早的文明画卷。

参照秦汉两朝的旧制和新制，考察南越国的现实与处境，结合历史遗留情况及普遍、突出的问题，赵佗很快就制定了一套推陈出新、因地制宜的治理方法。这套方法，既是对中原地区先进经验的借鉴，又称得上是为南越地区量身定做的，条理清晰，针对性强，一俟推行即取得了极大的成效，对南越地区的政权巩固、民族融合、社会稳定、经济发展、生产技术提高、文明程度提升等各方面都起到了重要的作用，主要措施包括越人自治参政、汉越通婚从俗、重农垦辟、开放交易、推行文化教育等，概而称之就是“和辑百越”。

首先，在南越国政权的建立上，赵佗依秦例，仿汉制。一方面沿袭秦朝的郡县制，以番禺为中央集权中心，设置南海郡、桂林郡、交趾郡、九真郡。南海郡下设番禺、龙川、博罗、揭阳、浈阳（今清远英德附近）、含洭（今清远境内）六县；桂林郡下设布山、四会等县；交趾郡和九真郡（原秦朝象郡地域），下设临尘、象林等县。另一方面仿效汉朝的分封制，分封王侯，在西瓯地区分封了苍梧王，在交趾分封了西于王，基本上让边远地区自治，只派遣使者前去“典主”，等于只加以政事方面的辅佐或视察。苍梧王又称苍梧秦王，名叫赵光，据称原为长沙蛮族仓吾族的首领，赵佗在攻打长沙国边邑时将其收服并带回南越国，赐姓为赵，以族弟相称，让他去统领聚居在西江流域的仓吾族人，封地在今广西梧州一带。西于王又称西吁王，他正是屠睢入越时迁怒杀死的西瓯族首领译吁宋的后人，在本部族中维持着崇高的声望，赵佗将他分封为王，明显带有冰释前嫌、安抚西瓯人的用意。

这套郡县制与分封制并行的政权制度与中原大抵相同，即郡国并行制，不同的是，南越国的政权力量，是汉越联合及多民族交融的，委任的官员中包括从中原而来的汉人和百越地区的各部族越人。任嚣在临终嘱托赵佗的时候，就提到过一个立国的重要条件“颇有中国人相辅”（《史记·南越列传》），所指就是岭南除了南征留驻的将士外，还有一批迁徙而来的中原人。赵佗起用辖下有才能的将士，又发掘长居岭南的“中国人”，最典型的如起用居住于揭阳的史定，其曾祖即开凿灵渠的秦监史禄，入越后于揭阳落户安居，生子添孙。史禄的孙子史焕，曾出任豫章郡史，史焕的儿子即史定。赵佗看重史定的家世及才干，任命他为揭阳令。

对于越人的任用，赵佗相继选拔了一些部族酋长、首领、小头目，层层参政，借此赢来各方土著族众的支持拥戴。这些越人官员，职位自普通官吏至将相、王侯，应有尽有，较为知名的有吕嘉、何遗、郑严、田甲、黄同、居翁、都稽等人，其中，吕嘉是最为突出的一位，他原本是西瓯族的酋长，据说少年时曾接受过中原汉化教育，极具才干和威望，被称为“越众酋师”“越人之雄”。赵佗亲自前往西瓯地区拜访吕嘉，力邀他来番禺，封地置产（于今顺德大良），任命其为丞相，又封吕嘉之弟为将，使得后来吕氏“宗族官仕为长吏者七十余人”（《史记·南越列传》）。吕嘉连续辅佐了三代南越王，并在赵佗去世后成为南越政权中的核心人物。

赵佗在位的时间，长达67年，这些越人官员应该是在这几十年间相继被起用的，而且被起用时普遍都还年轻，否则不可能一直陪同被称为中国唯一“百岁”君王的赵佗度过漫长的政治生涯。吕嘉、何遗、郑严、田甲、居翁、都稽等人，都活过了南越国历史的最后时刻，但期间几乎不见有什么动静，不但不能在其位而谋其职，或许连碌碌无为都谈不上。唯有吕嘉在赵佗逝世之后掌控实权，再后又因执意维持濒临亡国的败局而叛逆谋反，在南越史上留下了鲜明的一笔，其他人则都在南越国生死存亡关头向汉朝投降。可叹的是，何遗、郑严、田甲降汉后，竟然成为征讨南越国五路大军其中三路的领军主将，最终记功封侯。在一些史志或文献记述中，说到何遗、田甲领军征讨南越国，称之为驰义侯何遗、归义侯田甲，其实都是误称，这两人的“侯”，是南越国灭亡后汉武帝册封的，“驰义”“归义”，一听而知其意。在此也可看出，赵佗虽然能够摒除成见选拔有能力的越人为官，但却只会选人而不善用人，或许也由于他本人过于强势，导致这些越人官员长期没有作为。再或许后来的几任南越王又过于昏庸，致使这些看似身居要职实则毫无施展才华机会的越人官员最终走到了反面。

南越国仿照汉制，预立了太子制度，建立了一套体系庞大的官制系统。赵佗在称王前兼并桂林郡、象郡，曾有一位施展“美男计”而打败安阳王、脱颖而出的太子赵始。赵始应当就是南越国的第一位太子，但除了《交州外域记》和裴渊的《广州记》提及他攻打安阳国之外，并没有其他文献记载。1983年在发掘南越王墓时，曾出土两枚“泰子”金印玉印，“泰”“太”互通，“泰子”即是“太子”，考古专家认为这两枚“泰子”印很可能是赵始遗物。南越国的官制，分为中央官制和地方官制两大类，中央官制包括丞相、内史、御史、中尉、太傅、郎、中大夫、将、左将军、校尉、食官、乐府、泰官、居室、少内等，地方官制有假守、郡监、使者、令、啬夫等。众所周知，吕嘉为南越国的首位丞相也是唯一的一位丞相，其他如居翁为桂林监、都稽为郎、毕取为将、黄同为左将军、史定为揭阳令等，均有见于史志或文献记述。20世纪80年代，在南越王墓、南越国宫署遗址出土的文物中，发现很多陶器、漆器、铜器、银器等器具上面有诸如上述的官职铭文、封泥。

南越王墓出土的“泰子”金印

南越王墓出土的“泰子”玉印

其次，在促进汉越民族的交融上，南越国推行的是“通婚”“从俗”的做法，鼓励汉人与越人之间相互通婚，并在入境随俗的大前提下，对越人的风俗习惯实行良从恶禁。这些措施，一定程度上是沿袭任嚣治理岭南的民族政策和赵佗在龙川时推行的具体做法，又作进一步的完善及更为全面的发展。在“通婚”方面，为打消汉人和越人的种姓差异，缓解彼此之间的生活文化隔阂，赵氏王室带头与越人通婚，《史记·南越列传》中有明确记载，第三代南越王赵婴齐，早年娶揭阳越女橙氏为妻，生子建德，也即最后一位南越王。此外，据现代考古发现，赵佗的孙子、第二代南越王赵胡，其“卫夫人”赵蓝有可能是越女，从夫姓。《汉书·西南夷两粤朝鲜传》记载，丞相吕嘉的宗族中，“男尽尚王女，女尽嫁王子兄弟宗室”，指的是吕氏宗族与赵氏王室频频通婚。吕氏宗族还与赵佗赐姓的族弟、苍梧王赵光家族联姻，当然赵光原本也是越人。在赵氏王室和吕氏宗族的表率之下，南越国内汉越通婚的现象渐渐普遍，先前征越留戍的数十万秦兵以及随军入越的大批“中国人”，纷纷与驻地的越族人联姻。百越部落的人也不再对中原人产生排斥，汉人和越人之间终至血肉相连，融为一体，繁衍出后来许许多多不能单纯用汉族或越族指称的混血后裔。

在“从俗”方面，赵佗采取同其习俗、良从恶禁的对应之策。关于南越族在中原人眼中显得尤为怪异的风俗习惯，如《史记》《汉书》《淮南子》等史志屡屡提到的断发文身、凿齿拔牙、椎髻箕踞、喜食蛇蚌、迷信鸡卜、干栏巢居，都是典型而常见的南越生活习俗。断发文身就是剪断头发和在身上刻刺花纹并涂上颜色，带有强烈的神秘色彩，《汉书·地理志》称“文身断发，以避蛟龙之害”。古代汉人认为身体发肤受之父母，所以都留长发甚至终身不剪，越人不仅剪而且剪得很短或留局部，而“刻肌肤，镵皮革，被创流血”（见《淮南子·泰族训》）的文身更是让汉人觉得不可思议，而越人却视之为荣誉，《淮南子·泰族训》说：“夫刻肌肤，镵皮革，被创流血，至难也，然越为之，以求荣也。”越人断发文身，是一种包含了部落标志、图腾崇拜、成人礼等寓意的文化习俗。

凿齿也就是拔牙，即越族青年男女出于传统信念将健康的门齿或犬齿人为拔除。西晋张华在《博物志》中载：“既长，皆拔去上齿牙各一，以为身饰。”北宋乐史在《太平寰宇记》中称广西俚人“女既嫁，便缺去前齿”，从中可知这一习俗与成年、婚姻有一定关系。除断发之外，还有椎髻和披发，椎髻就是将头发束起如椎状，又称椎结、魁结，是越人的发式。箕踞就是席地而坐，随意伸开两腿，像个簸箕。这在中原汉人看来是非常失礼的，认为是粗鄙和不敬，孟子就因为偶然看到其妻“箕踞而坐”而要休妻，然而椎髻、箕踞却是越人较为寻常的一种姿态。喜食蛇蚌是指南越人喜欢吃山地或江河湖海中的蛇蚌及虫鼠贝类，视之为美食，历史上初来岭南的中原人对此深感惊奇又莫名畏惧，《淮南子·精神训》载：“越人得髯蛇以为上肴，中国得而弃之，无用。”西汉恒宽《盐铁论》说：“盖越人美嬴蚌而简太牢。”“太牢”指关牲畜的栏圈，意思是指越人更钟情蚌螺之类，而对猪牛羊等并不是那么感兴趣。

鸡卜是越族流行的一种巫术活动，就是杀鸡而取鸡骨来占卜，预测吉凶。宋代范成大在《桂海虞衡志》中记载：“鸡卜，南人占法，以雄鸡雏，执其两足，焚香祷所占。扑鸡杀之，拔两股骨，净洗，线束之。以竹筳（细竹枝）插束处，使两骨相背于筳端，执竹再祝……各随窍之自然，以定吉凶。”《史记》记载了一则很有意思的事，说汉武帝消灭南越国后，竟在长安立了一座越祝祠，请越巫来作“鸡卜”定吉凶。巢居是指百越先民为适应林密多雨、高温瘴气的环境及为防范毒蛇猛兽而在树上筑房居住，就像鸟巢一样，后来又在此基础上发明了“干栏”建筑，即用多根柱子架空房子，人住上面，下边围起护栏以养牲畜。干栏建筑盛行于岭南、西南、江南的山区和水乡。

除了断发文身、凿齿拔牙、椎髻箕踞、喜食蛇蚌、迷信鸡卜、干栏巢居之外，南越人还有善舟习水、贵重铜鼓、好相攻击等与中原人迥然不同的行为习惯。越人熟习水性，善于驾船荡舟，出行常于水上，以水上捕捞为生。由于很多小河岔流较为狭窄，南越人常用的舟体型也较小，尖细狭长，更因为时常使用而往往在小舟的首尾刻上龙、凫等被他们视为水神或吉祥物的形象，一作护佑，二作装饰，从而演变出龙舟竞渡的习俗。今天人们普遍认为端午节是为了纪念楚国大夫屈原而设，其实更确切的是源于越人的古老遗风，在吴越、南越之地较早兴起。闻一多先生曾撰写《端午考》《端午的历史教育》两篇文章，通过翔实的史料考证，指出端午节起源于古代越人的图腾祭祀活动，与龙相关，主要内容是吃粽子和竞渡，粽子投入水里是为了奉祀蛟龙，而竞渡所用

广州南越王墓铜提筒上的船纹

的小船，则是模仿传说中的龙而专门制作的龙舟。

铜鼓出现于春秋时期，至秦汉时期开始盛行，通常见于南方的百越部族，主要用于祭祀、节庆、丧葬及各种礼乐、歌舞活动中，简而言之就是古代西南各少数民族广泛使用的青铜打击乐器。西越人对铜鼓十分珍视，视作权力、财富和吉祥、庄严的象征，往往会不遗余力地制作铜鼓以显示尊贵、荣耀。晋代裴渊在《广州记》中说："俚僚铸铜为鼓，鼓唯高大为贵，面阔丈余。"1972年，广西北流出土了一面约为秦汉时期制造的云雷纹大铜鼓，鼓面直径165厘米，高67.5厘米，重300公斤，是世界迄今为止发现的最大古代铜鼓。

以上种种越人习俗，赵佗对其中大多数都表示尊重，并不怎么加以约束，有些甚至公开赞成，还以身作则以示"从俗"。他深知岭南的越人部族长期以来，由于自然环境、地域气候和民族习性、图腾信念等原因，形成了自己独特的文化体系和风俗习惯，融入了久远的情感依赖与精神寄托，这些源于一个民族共同的心理积淀，注入了一个民族的深厚情愫，如果轻蔑武断地加以否定，必然会伤害越族人的民族感情。如果加以遵从，甚至作适当的褒扬，无疑有助于汉越人民的相互了解与和睦相处。因此，他明确提出可视场合轻重与越族“同其习俗”，带头尊重、遵从越人的风俗习惯，甚至不惜将中原的“冠带之制”弃之一旁，穿戴越人服饰，行使越人礼仪，并屡屡以“蛮夷长老”自居。最显著的一次，是汉朝使臣陆贾初次出使南越时，赵佗就以“魋髻箕踞”的越人长老模样现身接见。

当然，遵从并不等于盲从，而是有限度的，赵佗采用的原则是良则从之、恶则禁之。对于越人的一些不良习俗，明确加以阻止和引导，较为恶劣的则明令禁止根除。例如越人“好相攻击”的习俗，这是原始社会部落争斗或宗族之间血亲复仇的残存风气，也是其时岭南社会发展比较愚昧落后的表现。这种习俗有碍于安宁安定，不利于开发生产，因此赵佗断然禁止，明令各级地方官员引导监督，如有再发生则严重处罚。再如“猎首”习俗，越人惯于在争斗杀伐中将俘虏的人头割下来以作献祭，如秦军主帅屠睢在被西瓯人射死后就曾被割下头颅拿去祭神，在两广地区发现的古代铜鼓和铜提筒上的纹饰中就有杀俘猎头的图案，宋代乐史编纂的《太平寰宇记》称钦州僚人“得一人头，即得多妇”。这是一种极其野蛮的原始宗教献祭方式，赵佗明令禁止，严加杜绝。在严令重责和文明渗透之下，越人原本逞强争胜、好勇斗狠的恶习逐渐消失，行为举止开始向中原人的礼仪习惯靠拢。这就是刘邦在诏书中所赞扬的“粤人相攻击之俗益止”。

再次，在岭南的社会经济发展上，赵佗推行重农政策，倡导垦辟方针，大力提升农业生产力，充分发掘土地资源。他积极推广中原地区先进的生产工具和生产技术，广泛引进铁器、牛羊、车马等，让南迁而来的中原人，向越人传授农具使用技术、耕作技术和制造技术，指导越人开荒辟田、凿井通渠、兴修水利、制造工具。这些都对改变岭南地区原始落后的耕作方式、提高生产效率、发展农业经济等起到了极大的促进作用。

先秦时期，岭南地区基本上还处在“刀耕火种”“火耕水耨”的原始农业耕作状态，使用的生产工具主要是磨制的石器，直到战国时期楚国军队进入岭南时才带来了铁器，但数量极少，使用范围更是有限。南越人与铁器的真正接触，是在秦朝统一岭南之后。跟随任嚣、赵佗大军而来的那批本就为了谪戍留守、注定有来无回的罪人流民，以及后来陆续迁徙而来的中原人，带来了大量的铁制工具，以农具和手工具为主，包括锄、锸、铲、镰、镬、斧、凿、锤、刀等，他们一来就用这些工具开荒垦田，大展拳脚，使对这些物件闻所未闻、见所未见的越人目瞪口呆。铁器的推广和使用，加上牛耕的出现，使岭南地区原本极为落后的耕作状态迅速改变，生产力获得了不可思议的提升，农业生产经济结构也发生了较大的变化。现代考古发掘显示，岭南地区的先秦考古几乎没有发现过铁器，但在广东广州、韶关和广西平乐、贵港等地的南越国时期墓葬中，却发现了不少铁制生产工具和其他用具，特别是在广州象岗南越王墓中发现了大批铁制工具、农具和其他用具。

岭南地区种植的农作物，之前比较单一，以水稻种植占绝大多数。广东是中国野生稻的主要分布地区之一，人工栽培水稻的历史早在新石器时代晚期就已开始，中国现代稻作科学主要奠基人、农学家丁颖曾提出“中国稻种之来源，与古之南海即今之华南有关”。南越国时期，随着先进生产工具的使用和耕作技术的进步，更多的土地得到开发利用，不光水稻种植面积日益扩大，其他一些作物如黍、粟、菽、薏米、竽、大麻子等也出现于田地之间，反映出粮食作物的种类多样与农业耕作的繁盛丰收。与此同时，南越国的苗圃业也开始走向兴盛，出现了不少人工培植的瓜果，如柑橘、桃、李、荔枝、龙眼、橄榄、乌榄、人面子、甜瓜、木瓜、黄瓜、葫芦、姜、花椒、梅、杨梅、酸枣等，由此奠定了岭南佳果千载以来的美名。尤其是荔枝，自古以来就享有盛誉，倍受人们喜爱，成为不可替代的水果珍品。据汉代刘歆《西京杂记》记载，赵佗向汉天子进献的岭南珍宝就曾包括荔枝、龙眼。

以上列举的这些粮食作物和瓜果品种，在今两广地区发现的南越国墓葬中均有出土。历经漫长的岁月沉淀，这些物种竟然还可以留存下来并且能够被鉴定清楚，真是神奇造化之物。1974年，在对广州秦代造船工场遗址的发掘中，出土了28枚橄榄核，证实了这种果品在2000多年前的岭南就有种植，由此也打破了先前学界认为的“橄榄出波斯，自汉代由西域传入”的说法。广州素来是橄榄的重要产地之一，尤其以出产乌榄闻名，并由此衍生了今天的国家级非物质文化遗产项目——榄雕。此外，在广州南越国时期的墓葬中，还发现了数量不少的鸡骨和猪、牛、羊骸骨，兼有鱼类、贝类、龟类、鸟类等残骸，说明其时已饲养家禽家畜并从事渔猎副业。

南越之地江河纵横，溪泉密布，到处都是水，对水的治理和利用尤为重要，一方面要提防江河之水滥觞，损坏农田房屋；一方面要对水流和水源进行疏导分流，以利灌溉或饮用、使用。赵佗采取的是凿井通渠、拦水筑堤的方法，为了方便灌溉，改善民生，他命人在南越国各个地方开掘、修筑了众多水井；又疏通、改造了不少河渠，在河渠上建造“水关”（水闸），以控制、调节水量及流向。至今在龙川、广州仍然保留着赵佗所开凿的越王井。另据近年考古发掘发现，在广州南越国宫署遗址一带还发现了多口南越时期的水井。唐代龙川人韦昌明在《越井记》中称龙川越王井“井周围为二丈许，深五丈。虽当亢旱，万人汲之不竭。其源出鳌山，泉极清洌，味甘而香”；北宋文学家、地理学家乐史在《太平寰宇记》中说广州越王井“深百余尺，云是赵佗所凿。诸井咸卤，惟此井甘泉，可以煮茶”；屈大均在《广东新语·水语》中如此评价广州越王井：“其水力重而味甘，乃玉石之津液。志称佗饮斯水，肌体润泽，年百有余岁，视听不衰。”说得神乎其神，直当作赵佗的长寿秘诀了。

南越国时期的水利工程，达到了较为先进的水平。2000年，广州发现了一处古老的“水关”遗址，经发掘考证为南越国的排汲水工程遗存，水闸埋在距今地表约4米之下，分引水渠、闸室和出水渠三部分，整座水闸在建材的选择、地基的松软处置、技术线路、泄流、闸室稳定的处理以及总体布置上都与现代的建闸标准和要求相符。这座水闸，被认为是世界上发现时代最早、规模最大、保存最好的一处木构水闸遗址。

南越国木构水闸遗址

大兴农业生产和水利建设之余，赵佗又开始发展手工业和制造业，进行冶铁、铸铜、丝织生产以及制作陶瓷、漆器、玉器等。1977年和1983年，广西贵港罗泊湾1号南越墓及广州南越王墓分别出土了200余件铜器与500多件铜铁器，是南越国青铜冶铸技术最高水平的代表。1995年，广州开始发掘南越国宫署遗址，除出土了大量秦汉时期的砖石、瓦筒、柱栏等之外，还有很多铁斧、铁凿、陶罐、钱币、铜器、漆器、玉器、银器、丝织物、玻璃制品等，包括生产制造用具和日常生活用品。所有这些，均证实南越国时期的冶铸业、制造业、纺织业已有较大发展，已具有一定水平的锻造、制作、工艺技术，使用铜铁器、金银器以及玉器、陶器、漆器、丝织物等也已相当普遍。

此外，赵佗还设置“关市”，实行商品交换，发展商业贸易，开通了与周边地区、中原地区乃至海外地区的商业往来。汉室初期，朝廷采用的是重农抑商的经济政策，然而赵佗治下的南越国，却实现了由交换到交易的商业兴起。先是土著越人发现中原士兵使用的铁斧、铁凿、铁锹、铁锄等工具可以提高耕作能力，感到新奇，不惜拿出谷米、山货、翠鸟、孔雀等物品来交换，另外在越人各部族之间以物易物的习惯早已有之。鉴于这样的情况，南越王廷索性在边关开辟"关市"，设立专门机构，集中进行中转，主要方法是把从土著越人手中交换来的山货草药、禽鸟珠贝、象牙犀角等集中到关市，与中原来的商人交易，然后购买大批的牛、羊、马、铜铁工具和器皿等，再用这些货物与土著越人交换，形成一个循环往复、连绵不断的商品交易渠道。

秦朝统一岭南后，即开始贯彻全国统一的货币制度，但在一些偏远封闭地区却推行得并不彻底。南越国时期虽然已有金属铸币流通，但货币经济并不发达，使用的是秦汉时期的"半两"钱，土著越人仍然习惯以物易物，而关市机构与中原地区交易则使用货币。这样，就改变了零散交换的方式，省略了多次交换的环节，使越人和商人之间都能很快获得所需的物品，而关市也区别物品的等价、差价，从中获取收益。这一模式，打开了南越国商业贸易的序幕，因地制宜，成效显著，形成了极大的经济催动力。据史料记述，南越国与邻近的长沙国、闽越国以及西南夷的夜郎、巴蜀等国均有商业往来，并且还开展了海上贸易，特别是与长沙国及中原等地的交流互通最为密切，南越开发进程中最为需要的铁器、马牛羊等，基本都是从长沙国一线交易所得。

岭南濒临南海，有着几千公里的漫长海岸线，海岛星罗

南越王墓出土的秦汉“半两”铜钱

棋布，内河纵横交错。早在先秦时期，居住在南海之滨的南越人，就已利用舟楫出海并已涉足太平洋群岛，进行渔业捕捞活动及与海外居民进行交易。广州增城金兰寺和新会罗山咀等地的贝丘遗址，还有万山群岛东澳岛南沙湾，淇澳岛石沙湾、东澳湾、婆湾等沙丘遗址，便是南越人出海的证明。西汉刘安在《淮南子·原道训》中说：“九疑之南，陆事寡而水事众。”此反映了古南越人多有出海从事渔业。《淮南子·人间训》又说秦始皇南平百越为“利越之犀角、象齿、翡翠、珠玑”，也反映了古南越人已有海外贸易活动。

有证据显示，南越国时期已形成海上交通线路及进行海外贸易，如广州南越王墓出土有镂孔铜熏炉、象牙、犀角、乳香、琥珀、圆形银盒等，广州南越国墓葬中也发现有铜熏炉、陶熏炉、陶象牙和陶犀角模型，说明当时已有象牙、犀角等从海路输入，这些都是南越国与海外通商贸易的有力物证。文物出版社《西汉南越王墓》一书中引用了《汉书·地理志》有关汉王朝与东南亚和印度海上通道的记载，指出“从南越墓出土的有关海外实物资料的原产地看，这条南海交通航线很可能在南越国时期就已经开辟了”。种种迹象表明，古南越人是中国人开辟海上航线的先驱，赵佗于岭南建立南越国后，将海上交通贸易作为经济发展措施持续推进，汉武帝平南越后开通的“海上丝绸之路”，应该就是在南越国的海外通商基础上加以开拓的，由此中国正式进入海上商业发展时期。

与海上贸易并行或者先行的，是造船业的发展。南北朝沈怀远在《南越志》中载：“越王造大舟，溺人三千。”又称造出的南越舟“其大千石”（约合今25.5吨）。南越舟是见于文献记载的广州最早的船舶，但不能说广州造船的历史

南越王墓出土铜熏炉

南越王墓出土银盒

始于南越国。1975年，广州中山四路发现一处古老的造船工场遗址，据考证这是秦朝统一岭南时期的造船工场，内有三个规模很大的船台，采用船台与滑道下水相结合的原理，每个船台的两行滑板间距可随大小需要放宽或收窄，据称可造载重60吨以下的船只，在船台的南边还有木料加工场和用来烘烤木料的“弯木地牛”。1994年，考古队又在秦代造船工场遗址的西北面作进一步挖掘，获得了新的重要发现，表明这个造船工场在南越国时期已扩展为一个能够成批生产在内河和沿海航行船只的造船基地。1986年，在广州农林下路的一座南越墓中，出土一艘彩绘木船模型，船上前舵有12名划桨木俑，后部是两层木楼，船板外面还有彩绘。此外在广州发现的其他南越墓和汉墓中也出土了共计12件木船和陶船模型，有货船、渡船、楼船。通过对这些船只模型的观察，可以认为秦汉时期（包含南越国时期）的造船技术已达到较为高超的水平。

在发展社会经济的同时，赵佗又致力于语言、教育方面的统一，促使南越国在文化、礼乐制度上积极汉化，如推广汉字汉语、推广中原礼制文明、推行中原度量衡制、仿汉制实行纪年等。南越国推行的教育，从推广汉字、汉语开始，逐渐灌输诗书典籍、礼乐典章，直至实行文明共通。越南古代历史学家黎崱在《安南志略》中称“赵佗王南越，稍以诗礼化其民”；明代岭南学者黄佐在《广东通志》中称自从赵佗治越“冠履聘聚，华风日兴，入汉以后，学校渐弘”；明末清初岭南大儒屈大均在《广东新语·文语》中更是将赵佗视作岭南人文文化的开创者，称“广东之文始尉佗”。

秦朝时，数十万官兵、谪民从入越到留居下来，与当地原住民语言不通，秦人讲中原雅语，越人讲土著越语，形成极大的交流障碍，要与岭南人和睦相处，首先要过语言关。有研究发现，广府地区的粤语，并非古代的越人音而是中原音，其实就是由秦朝大军带来的中原雅语。雅语又称雅言，起初是周朝的官方用语，儒学发源于周礼，自诞生之时起就以雅言为载体，孔子用雅言来讲学，并强调“诗书执礼”都要用雅言。春秋战国时期，各诸侯国语言不同，因而规定官方交往、文人讲学、祭祀活动等，都使用中原雅言，即以中原一带的雅言为统一标准，这是中国最早的全面通用的语言，也可以说这就是中国最早的“普通话”。任嚣、赵佗入主岭南之后，强力推行秦王朝的“书同文”政策，使中原雅言成为统一交流的语言，由此雅言开始在岭南传播，并与当地土著越语产生融合，这就是粤语的发端。广府地区的粤语又融有部分古越人音，这是古代中原人和越人在长期的语言交流中形成的，有些至今仍可找到踪迹，例如今天南方各地中，有大量含“浦”“埗”“埠”这样的地名，浦是两广一带对水边或河流入海地方的称呼，埗、埠相通，是渡口、码头的意思，这与越人常以舟楫出入很有关系。历经两千多年的变化发展，今天的粤语，仍然保留着某些古代汉语言的特色。

兴办学校而让越人读书识字，学习礼乐典章，接受伦理道德教育，正是赵佗对岭南文化的推动举措，由此南越“渐见礼化”。南越族并没有自己的文字，仅发现过一些类似标记的符号图形，刻画草率，形象简单，没有什么规律性。先秦时期，汉字已零星传到岭南，秦朝统一岭南后，开始慢慢推广汉字，到南越国时期展开了普及传播，汉字成为官方文字并流行起来。岭南地区的百越部族，很早就使用了汉文，与南越国时期普遍进行的教育密不可分。现代考古发现，南越国时期的墓葬中已有不少写有汉文字的器物，如广西贵港罗泊湾1号墓出土的木牍《从器志》，上面竟写有372个汉字。再综合其他考古材料，可以认为那时汉字应用的范围已十分广泛。汉字和汉语的通行，使南越地区的文化水准迅速提高，是岭南地区由落后状态向文明社会迈出的重要一步。

有丰富的考古资料证实，南越国时期已广泛推行中原度量衡制。1976年，广西贵港罗泊湾1号南越墓出土了多件计量实物，有竹尺、木尺和刻有重量的铜鼓、铜桶、铜钟，以及刻有容量单位的铜鼎，经实测比较，与中原的度量衡制基本一致。此外，有实物证据表明，南越国也仿照汉制实行了纪年，1983年，在广州象岗南越王墓出土的文物中，有一套八件铜勾鑃（古乐器），表面都阴刻着篆文“文帝九年乐府工造”，还分别刻有“第一”到“第八”的序号，“文帝九年”即南越文王九年，亦为汉武帝元光六年（公元前129年）。

在中原文化的促进影响之下，岭南地区自己的文化艺术也得以迅速发展起来，形成了独特的音乐、舞蹈、装饰、壁画等艺术形式，迸发出灿烂的光辉。南越民族本身就能歌善舞，西汉文学家刘向在其著作《说苑·善说篇》中记载了一首《越人歌》，由春秋战国时期的一位越人船夫自作自唱。现代考古发现，南越国时期已有钟、磬、鑃、鼓、琴、瑟、笛等各种乐器并设有主管音乐的乐府，南越王室及民间都跳“越式舞”，南越国制作的各类器物、丝织上有南方百越族的几何形纹饰和其他装饰图案，广州南越王墓的石壁、室顶有颜料勾勒的壁画，广西明江和左江流域有达70多处的岩画……从各个地方出土的文物都可以证实，南越国时期的艺术已有较大程度的发展，并且已具有地方特色和民族风格，又体现出汉越民族文化融合的特色，对今天异质独具的岭南文化的形成，具有不可低估的影响。

关于南越文化的汉化过程，当代秦汉史研究专家夏增民在《由广州南越王墓所见文化遗存透视岭南文化变迁》一文中指出：这是一个渐变的过程，第一阶段是移入的强势汉文化完全主导南越社会；第二阶段是本土文化在汉文化移入后产生应激反应，“反哺”汉文化；第三阶段是新型的南越文化的形成。岭南文化正是在土著文化和中原文化较早融汇的基础上，相互派生，持续吸纳，又不断融入各地优秀文化，包括海外文化精华，从而形成本地区文化特色。《岭南文化》（广东人民出版社2010年版）一书中将今天的岭南文化

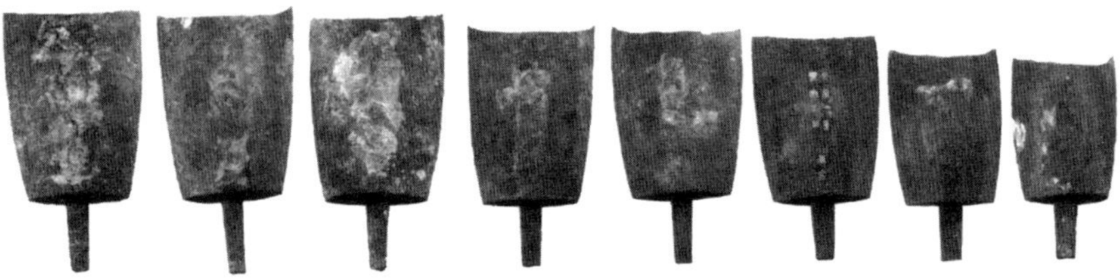

南越王墓出土的宴乐器（勾鑃）

特征概括为“重商性、开放性、兼容性、多元性、创新性、务实性、享乐性、直观性”，而其重商性、开放性、兼容性、多元性等特征，在南越国时期就已显露出来。

转

转：运也。

——《说文解字》

了不起的汉使

南越国在政治、文化等方面的制度建立，有很多做法是仿效汉朝的，有些地方可谓惊人一致。这并非完全因为南越王赵佗及部分南越国官员本就来自中原，是秦朝的旧臣，熟知王权政制及礼乐之仪，更重要的是赵佗一直密切关注着汉朝的动向，一方面以资防范，一方面以取效法。他深知高高在上、盛气凌人的汉王朝，迟早有一天会对势弱力寡、苟存一方的南越国撕下面具，轻则指指划划，重则刀兵相向，如果自己不先行强大起来，那么用不了多久就会重蹈秦平百越的覆辙。因此，他怀着知己知彼的战略眼光，从汉朝的治理模式中汲取与借鉴经验，结合南越国地方实际，探索生长之道，加快社会经济、文化教育各方建设，取得了按照设想运行的有效成果。

赵佗预想中的汉王朝向南越国政事交涉的日子，终于还是来了，这是他一直以来既担心又期待的时刻，不出所料，汉高祖刘邦并不敢盲目地向其时已步入良好发展轨道、具备了较强抗衡力量的南越国轻动刀兵，而是试探性地派来了一位劝谕谈和的使臣。当然，强大专横的汉王朝，绝不可能放下高傲的姿态与南越国平起平坐，而是亮出奉诏受封的底牌，要求南越国以俯首称臣来换取和平共处。这当然也在赵佗的意料之内，或者说这正是他等待的结果，然而如果轻易就范，那么接下来的制约就会变本加厉，因此他着意要给来使一个下马威，以表示南越国并非那么容易顺从。

这位汉朝的来使，可不是什么简单的人物，他就是大名鼎鼎的陆贾。陆贾（约公元前240—公元前170年），楚国人，楚汉之争时开始以幕僚身份追随刘邦，后成为汉朝开国功臣之一。《史记》《汉书》中都有陆贾的专门传记，可见他在历史上的地位非同一般。《史记》中将陆贾和郦食其并列，这两人都是秦末汉初著名的谋士和辩臣，曾辅助刘邦平定天下，史称郦食其能够凭三寸不烂之舌取城掠地。《史记·郦生陆贾列传》载："陆贾者，楚人也。以客从高祖定天下，名为有口辩士，居左右，常使诸侯。"也就是说，陆贾以能言善辩著称，为刘邦的近臣，常常成为出使异邦的不二人选。然而这只不过是陆贾令人广为称许的一项才干，他不光是一位纵横家，也是一位谋略家，一位学问家，有治国安邦之才、怀文韬武略大计，满腹经纶，文采斐然，屡见著述。

《史记》中记载了一件为后人所津津乐道的事，说是起于草莽的刘邦初得天下之时，骄狂放纵，重武轻文，蔑视儒家，于是陆贾在刘邦面前大谈《诗经》《尚书》等儒家经典，规劝刘邦要多读书，反遭刘邦责骂，说：诗、书是什么？寡人没有读过，不也一样跨马挥鞭夺得了天下。陆贾不惧触犯天子之怒，答道："居马上得之，宁可以马上治之乎？且汤武逆取而以顺守之，文武并用，长久之术也。昔者吴王夫差、智伯极武而亡；秦任刑法不变，卒灭赵氏。乡使秦已并天下，行仁义，法先圣，陛下安得而有之？"在列举前人事例之余，直接质问刘邦：武力可以夺取天下，但武力可以治理国家吗？倘若秦朝施行仁义，学习先贤，您能得到天下吗？说得刘邦大呼惭愧。由此可见刘邦虽是乡野出身，没有什么文化修养，但有些时候还是能够听信忠言的，也不太计较被下级当面直怼，这正是他成为一代帝王的原因之一。不光如此，刘邦在表示惭愧之余，还激发了一点勤勉好学的上进心，他恳请陆贾把所说所识的治国之道写出来，以便时时温习警醒。接着，陆贾奉旨写下了十二篇奏章，总结秦亡汉兴的缘由道理，列举前朝各代的成败得失，纵论国家兴衰存亡的征兆因果，获得刘邦的极大赞赏，也成为传世之作，这批奏章合成一部书，称为《新语》。据说陆贾上奏章时，每奏完一篇，刘邦便赞一声“好”，左右群臣跟着大呼“万岁”，这场面想想煞是有趣。

综合史料所记，除代表作《新语》外，陆贾并著有《楚汉春秋》九篇、赋三篇，还写有描述出使南越国见闻的《南越行纪》，据说还写了一部《陆贾兵法》，但至今均已散佚。据称，司马迁的《史记》，相当一部分就是以陆贾的《楚汉春秋》作为治史的第一手材料。东汉王充在《论衡》中说：“汉世文章之徒，陆贾、司马迁、刘子政、扬子云，其材能若奇，其称不由人。”南北朝刘勰在《文心雕龙》中说：“汉室陆贾，首发奇采，赋《孟春》而选《典诰》，其辩之富矣。”唐代刘知几在《史通》中也说：“刘氏初兴，书惟陆贾而已。”清乾隆年间编修的《四库全书》在谈到《新语》时说：“汉儒自董仲舒外，未有如是之醇正者。”由此可见，陆贾在史学、文学、思想等方面均有较高造诣，为人又能言善辩，气度不凡，颇具“威仪文采”。

出动陆贾这样的重量级人物出使，可见刘邦对劝服南越国志在必得。对于陆贾，赵佗自然也是久仰大名，闻之又喜又忧，喜的是有机会与一代中原名士作正面交锋，忧的是不知如何应对这位天下皆知的辩臣。赵佗也是一位极为自负的人物，向来认为自己才能出众，能够成就一番雄图伟业，只是命运促使他屈居南越，否则他的作为就不会止于岭南。在后来与陆贾的对话中，赵佗的这一心思暴露无遗，使得陆贾对他当头棒喝。虽然内心忐忑不安，赵佗还是怀有侥幸，无论如何姿态还是要做足的，毕竟这是事关南越国命运的一次会面。于是，他摆出一种爱理不理的姿态，待陆贾抵达番禺，拒不出迎，不作特别安排，也不设仪仗，装作漫不经心，就像往常一样我行我素。

陆贾从长安出发，一路跋山涉水，经过长沙国，再历湘水，过灵渠，下西江，终于来到了相隔遥远的番禺。然而番禺城外内一片悄寂，丝毫不见有迎接大汉来使的气氛，更别谈什么隆重的接待礼节了。不仅如此，陆贾来了几天，赵佗竟然避而不见，还将招待他的驿所设在城西以外，只派人前来安排起居。陆贾心里明白，不动声色，找机会径直入城上殿，只见赵佗“魋结箕踞”，头发束成一个椎状，伸开双腿，像簸箕一样坐在上面，一副十足的越人长老作派。不用说，赵佗已经知道陆贾会突然袭击，或者说他就是要让陆贾按捺不住自行闯进来，故意以那样的姿态在大殿上等着。陆贾不愧是一位具有丰富出使经验的谈判专家，他并未对赵佗的不闻不问表露出情绪的不满，而是按礼节施行会面，一俟落座，便直接用语言作为武器，向赵佗发起密集的攻击。

陆贾首先以赵佗与中原的关系切入，直击要害，说出了那段著名的开场白，原话精辟，转述不宜，照录如下：“足下中国人，亲戚昆弟坟墓在真定。今足下反天性，弃冠带，欲以区区之越与天子抗衡为敌国，祸且及身矣。且夫秦失其政，诸侯豪桀并起，唯汉王先入关，据咸阳。项羽倍约，自立为西楚霸王，诸侯皆属，可谓至强。然汉王起巴蜀，鞭笞天下，劫略诸侯，遂诛项羽灭之。五年之间，海内平定，此非人力，天之所建也。天子闻君王王南越，不助天下诛暴逆，将相欲移兵而诛王，天子怜百姓新劳苦，故且休之，遣臣授君王印，剖符通使。君王宜郊迎，北面称臣，乃欲以新造未集之越，屈强于此，汉诚闻之，掘烧王先人冢，夷灭宗族，使一偏将将十万众临越，则越杀王降汉，如反覆手耳。”

这段话见于《史记·郦生陆贾列传》中，陆贾先是提醒赵佗不要忘本，说你是中原人，亲戚兄弟祖坟都在真定，而你现在却反天性，抛弃礼仪，想以一个小小的南越国与大汉国对抗，恐怕要大祸临头了。接着又列举汉王的功绩威德，说连那么强大的西楚霸王都被歼灭了，五年之内就平定了天下，这是顺应天意之举，你不帮助汉王清除暴逆，本来要发兵来讨伐，但天子怜悯百姓这些年的劳苦，暂时不想诉于武力，而是派我来授你王印，你应该远远出来迎接，顺势向北称臣。如果继续不自量力地逞强，届时掘开和焚烧你的祖坟，灭掉你的宗族，再派一个偏将带十万人来征讨，可能不用开打，只要加以策反，你的部下就会杀了你而投降，消灭南越国，易如反掌。

陆贾真不愧为鼎鼎大名的“有口辩士”，张嘴就是长篇大论，话语纵横，因势利导，而且一击即中，步步机锋，声色俱厉，他一上来就指出的“反天性”，已让赵佗觉得无法坐稳。《汉书》颜师古注：“背父母之国，无骨肉之恩，是反天性也。”赵佗毕竟不至于忘本，而这也正是他最为顾忌之处，陆贾所说的“掘你的祖坟”“灭你的宗族”这些胁迫性话语，当时只不过是去抓赵佗的软肋，信口道来，然而在后来却不幸而言中，酿成赵佗一生中最大的屈辱。

陆贾的一番舌枪唇剑，虽然并不至于打懵赵佗，却也使他心惊肉跳，同时又茅塞顿开，他对这位传闻中的能人辩士一下子有了好感与敬意。陆贾话音刚落，他便跳着站起来，又规规矩矩坐下，随即欠身道歉：“居蛮夷中久，殊失礼义。”假作解释说自己在蛮夷之中居住得太久，把自己当成蛮夷长老了，疏远了中原礼仪。接下来的话题就显得轻松了许多，双方都没有急于讨论汉帝诏令的事，而是像老朋友一样展开漫谈。赵佗始终自视甚高，面对眼前这个难能一见的高人，很想听听对方对自己的评价，于是假借谈论汉朝之中的能臣骁将，不经意地问道：“如果将我与萧何、曹参、韩信他们相比，先生您认为怎么样？”

陆贾答：“君王似乎比他们强一点。”

萧何、曹参、韩信都是功勋赫赫的谋士、将领，在汉朝廷身居要职，是辅佐刘邦夺取天下的得力之臣，才能出众，声名超卓，每一位都仿佛传奇的存在，可不是什么等闲之辈。赵佗听陆贾说自己要比他们强一点，大为高兴，竟然有点得意忘形了，又得寸进尺地追问：“那我与皇帝相比呢？”

陆贾看出赵佗心思，正色道：“皇帝起自丰沛，讨伐暴秦，扫平楚国，为天下兴利除害，继承三皇五帝的伟大功业，统领天下，治理中国。中国人口以亿为计，土地方圆万里，物产丰饶，人多车众，政令统一，这种盛况是开天辟地以来从未有过的。而您人众不过数万，并且是蛮夷之徒，居住于山地海隅之间，狭窄荒凉，不过如同汉朝的一个郡罢了，怎么可以相比？”

赵佗听了，脸上有些发窘，于是哈哈大笑，自作圆场，说道：“可惜我不在中原，所以才在这里称王。假如我在中原，未必就比不上汉王。”

赵佗与陆贾的这一番对话，表面上谈笑风生，暗地里却在激烈交锋，赵佗通过步步试探，对中原时局和自身处境有了清晰和清醒的认识。当时的情况是，西汉和南越均立国不久，国事初开，国力未长，都亟须休养生息，安内发展，谁都经受不起外部战争的折腾，但相对而言，汉王朝毕竟瘦死的骆驼比马大，更何况南越国与之相比连马都够不上，说是一只土拨鼠都不为过。从大局考虑，赵佗明白，要想争取继续生存和发展壮大的机会，保境安民，除了向汉室妥协称臣，别无他法，既然汉皇帝已经给出了台阶，那么不妨顺势而下，再强装死撑就是不识好歹了。

胳膊拧不过大腿的道理，以赵佗的聪明善察，又怎么会不明白，他在使臣陆贾面前所表现出来的“蛮夷之态”“倨傲自满”和间接向汉王传递的“欲自外乎蛮夷”“无远大志”等暗示，正是一种有意为之的明智或精明，试图以装蠢作笨扮天真来消除汉王朝的戒心，换取喘息调理之机。最后，赵佗表态“愿奉明诏，长为藩臣”，跪拜受封，从陆贾手中接过诏令印符，南越国正式成为西汉的藩属国，时为公元前196年。

赵佗十分欣赏陆贾，公开表示“相见恨晚”“大长见识”，他对陆贾说：“南越这个地方过于闭塞，罕见一个优秀的人物，我连个谈话的对手都没有，自先生来到这里，我听到了许多前所未闻的新鲜事。”不光挽留陆贾“与饮数月”，临走时，又厚赠了一批珠宝财物。此外，赵佗还准备了“白璧一双，翠鸟千，贝五百，桂蠹一器，生翠四十双”（见陈大震、吕桂孙《南海志》），托陆贾带回去进献给皇帝。从中可以看出赵佗在外交活动中的智慧、灵活性，他是深谙人情世故又行事周到的，绝对不是其自称的“居蛮夷中久，殊失礼义”。

在史书的记述中，这一次的汉越会谈，只看到赵佗和陆贾纵论时局人物，并未涉及谈判的细节，至于如何达成“奉诏受封”以及有些什么条件细节，均不得而知。可以推测，或许开始进入谈判时并不是那么顺利，其间不免有着你争我夺，你退我让，历经数轮交锋及时间消磨，才终于达成一致，否则陆贾身负重任，又怎会在谈妥后再“与饮数月”才回朝复命？当然，也不排除陆贾个人贪恋南越风光或南越美酒而顺水推舟，他后来写出的《南越行纪》着力描述南越风物风情，尤其是对花卉的描摹可说是对“花城”最早的记载。又有传闻说他善饮好饮，性情豁达，他可以对名利淡然以对，但对美酒却不加抗拒，明代“公安派”文学代表人物袁宏道就对陆贾的酒名十分推崇，称之为“达饮者也”。另一件事更有意思，陆贾后来辞官归隐，把赵佗赠送给他的珠宝财物全部变卖成一堆金子，平分给五个儿子，叫他们各自用分得的金子谋取生计，自己则悠哉悠哉地或隐居或云游，这就是“陆贾分金”的成语故事。

总而言之，陆贾，这位了不起的汉使，终究还是圆满地完成了朝廷交付的任务，促成了汉越交好的千秋佳话，返回长安后即被刘邦拜为太中大夫。话说，这个太中大夫并不是什么显要职位，不过是一个从四品的论议官，等于是个只能指指点点而无实权的闲职，当然陆贾的声望影响远远超出了官职局限。后来，刘邦逝世，吕后掌权，陆贾称病辞官，分金归隐。接下来，丞相陈平谋划牵制吕氏一党，苦无良计可施，陆贾不请自至，径直入内，以一句“天下安，注意相；天下危，注意将”点醒陈平，促成了陈平与太尉周勃的相将联盟，终使吕氏外戚集团遭受重创乃至毁灭。

从称王到称帝

南越归汉，自此，赵佗向汉天子“岁修职贡”，曾进献鲛鱼、荔枝、龙眼、石蜜、珠玑、白鹇、黑鹇等岭南珍宝，皇帝也以蒲桃、锦缎等作为回报。汉越两地，不仅朝廷王室之间礼尚往来，民间、地方彼此的物品交换和商品贸易也蔚然成风，展开了前所未有的经济、文化交流互通，各得其所，并迅速走向兴盛。

赵佗接受刘邦的册封，表面看上去似乎有些不得已而为之，然而事实证明这实在是一个适时而明智的可图之举，并不单是换取暂时的和平共处那么简单。很显然，如果赵佗拒绝受封，或许可以逞强一时，但等于与中原大地彻底隔绝，只能够闭关自治，对经济发展和长治久安十分不利，而南越国自立国以来，之所以能够迅速中兴，很大程度有赖于引进了中原的先进生产力，开通了商贸往来，强化了文化渗透和影响。这些，赵佗自然非常清楚，他断然不会愚蠢到为了一己之欲而自行将道路堵死。

南越国成为汉朝的藩属国之后，不仅地位得到了中央政权的承认，拥有比别的诸侯国更独立自主的权力，可以按照需求自由地向外界敞开门户，各方面的沟通往来也更加便捷，在政事、经济、文化上的双向联系大大增强，商贸发展走向正常化，形成了互需互给、互利互补的局面。中原地区获得了岭南地区特有或珍稀的物产，南越国也获得了发展农业生产所需的种种物资，如农具、铁器、牲畜等。百姓生活逐趋丰富，国家经济能力不断增长。素来闭塞落后的南越之地，开始显现出农业生产先进化、手作制造业规模化、商业贸易开放化、社会生活多元化等繁盛喜人的局面，岭南出现了历史上第一个承平兴旺、快乐祥和的时期。

1995年，广州发现了沉埋于老城区中心重重地底下的南越国宫署遗址。据考证及推测，南越王宫很可能就是在汉越初次修好后，社会稳定和经济兴起，从而开始斥资建造的。南越国曾两次向汉王朝臣服，一次是在汉高帝时期，一次是在汉文帝时期，中间相隔17年。其间，吕后控制朝政，听信谗言，采取“别异蛮夷”的封锁政策，又诛杀赵佗在中原的族人，掘开他的祖坟，致使赵佗不得不再度宣布自立。后来吕后病逝，汉文帝继位，汉越再度重修于好，南越国的经济迎来新一轮增长，于是又大兴土木，完善王宫。在南越国宫署遗址发掘过程中，曾发现宫室内有汉文帝时期的铜钱。

汉越首次修好而带来的其乐融融的社会局面，没过多久就随着政治格局的改变而被撕开。接下来，刘邦病逝，吕后专权，赵佗称帝，汉越之间的和睦关系，在维持了十多年之后再次发生断裂。这一切并非意外或偶然，而是有踪可遁，刘邦之所以分封赵佗为南越王，主要是因为其时中原内乱未消，他一方面要对付已然谋反的楚王韩信、梁王彭越的残部，另一方面又遇上了淮南王英布的谋反。纵使如此，他仍然没有忘记对南越国的布控，于赵佗受封称臣的第二年，又以南海郡作为主要封地封南武侯织为南海王，加上之前将原岭南三郡虚封给长沙王吴芮，等于把本属南越国的地盘都另封于人，由此可见刘邦根本就没有想过要让赵佗统治岭南，而是处心积虑酝酿彻底蚕食的时机。但人算不如天算，英布的谋反，不仅使刘邦吞并岭南的布局成为泡影，连他本人也被送上了黄泉之路。

英布原是西楚霸王项羽帐下的将领，以骁勇善战著称，曾屡破秦军，战功卓著，被封为九江王。后来因受楚王猜忌，刘邦趁机派人游说英布叛楚归汉，由此辅佐刘邦打败项羽，汉朝建立后受封为淮南王，为七个异姓诸侯王之一，与韩信、彭越并称为“汉初三大名将”。英布之所以谋反，是因为刘邦称帝后，对帐下立下大功的将领由封王到忌惮猜疑，致使几位诸侯王相继叛乱。公元前196年，刘邦连续诛杀了淮阴侯韩信（先是由楚王降为淮阴侯）和梁王彭越，彭越受诛后被剁成肉酱，分赐给诸侯以敲山震虎，其宗族也被全数诛灭。英布见此大为恐惧，兔死狐悲，于是起兵谋反，凭借作战勇猛连续攻城略地，陈兵直逼朝廷。刘邦亲自率军来讨伐，但要论一时的正面硬刚，根本就无人打得过英布，开始时刘邦被英布打得缩在城里，随后依仗兵力物力强盛，终于扭转局面。英布兵力耗尽，大败而逃，一直逃到长江以南，走投无路，投奔老丈人吴芮的孙子长沙哀王吴回。没想到吴回表面上收留英布，暗地里却把他诱骗到番阳（今江西鄱阳），设下伏兵，乘英布不备将之杀死，向刘邦献功。吴回其人，无情无义，殊为阴险，他是长沙成王吴臣之子。吴臣死后，吴回被继封为长沙哀王，承袭王位执掌长沙国，做得最多的事就是不断向皇帝诋毁赵佗，力图挑起汉朝廷与南越国的战争，以为这样就可真正得到自祖父以来一直徒领其地的岭南三郡。

英布与刘邦对阵时，想起当初刘邦劝他叛楚归汉时的承诺，痛恨刘邦背信弃义，又知刘邦最忌讳项羽，有意摆出楚军最常用的阵势。刘邦大为恼火，不顾将士劝阻冲到阵前质问，没料到英布突发一箭，刘邦中箭，当时并无大碍，然而得胜回朝后，箭伤感染，引发病症，终至不治而亡，驾崩于长安，终年62岁，在位12年，时为公元前195年。刘邦弥留之际，召集王室群臣入宫，令人杀了一匹白马，歃血为盟："非刘氏而王者，若无功上所不置而侯者，天下共诛之。"（《史记·汉兴以来诸侯王年表》）意思就是今后不是刘氏皇族不得封王，没有足够功劳不得封侯，假如不是立功受到皇上册封而成为侯的，天下人均得以诛杀。此时，原来分封的八个异姓王（原为七个异姓王，燕王臧荼造反被杀后改封卢绾为燕王，卢绾又叛乱逃往匈奴），除长沙王外，已悉数清除，所属封地渐渐被刘姓王瓜分。

刘邦去世，太子刘盈继位，是为汉惠帝，尊吕后为皇太后。这位惠帝，是西汉的第二位皇帝，但不过是一个影子，他16岁即位，却因体弱多病，秉性怯懦，几乎从未执掌过朝政，实权全部控制在其母吕后的手中。公元前188年，当了七年傀儡皇帝的惠帝病逝，吕后临朝称制，行使皇帝职权，她是秦始皇创立皇帝制度后第一位临朝称制的女性，是中国历史上太后专权第一人，与唐朝武则天并称"吕武"。吕后临朝称制八年，加上汉惠帝在位的七年，实际当政十五年的时间。

吕后，名雉，字娥姁，汉朝第一个皇后，又称"汉高后”，是中国有史以来第一个见于记载的皇后、皇太后。吕雉早年嫁给还是沛县亭长的刘邦为妻，一路帮助刘邦登上帝位，被封为皇后。生有一子一女，即后来的汉惠帝和鲁元公主。刘邦死后，吕后开始掌控朝政大权，惠帝英年早逝，吕后立刘盈长子刘恭为帝，史称“前少帝”；四年后又废黜前少帝，另立刘盈另一子刘义（刘弘）为帝，史称“后少帝”。前少帝和后少帝时期，吕后一直临朝称制，行使皇帝职权。吕后统治期间，采取“无为而治”“与民休息”政策，改律法，颁布“减刑、赎罪法”，废除秦始皇焚书坑儒时实行至汉初的“挟书律”，鼓励民间藏书、献书，恢复旧典，颇有成就，为后来的“文景之治”打下了基础。《史记·吕太后本纪》评价为：“政不出房户，天下晏然；刑罚罕用，罪人是希；民务稼穑，衣食滋殖。”公元前180年，吕后病逝，终年62岁，陪葬汉高祖于长陵。

吕后一方面刚毅率性，精明果断，一方面又专横残酷，心狠手辣。极其讽刺的是，吕后　掌权，当即就违背了刘邦临死前所订的“白马之盟”，大肆起用吕氏宗亲族人，先后封王六人，封侯十余人，另外还分封了数位亲信和私党，共封了三十多人，培植了一个强大的吕氏外戚集团。直至病重濒危之时，吕后仍不忘巩固吕氏天下，任命赵王吕禄为上将军，统领北军，梁王吕产统领南军，并且告诫他们要牢牢掌握军队，守卫宫殿，甚至不要离开皇宫为她送葬，以防兵变。吕后培植的外戚集团，加剧了西汉朝廷的内部矛盾，酿成了刘氏皇族集团与吕氏外戚集团的正面斗争。吕后一去世，外放的齐王刘襄当即陈兵发难，回朝讨伐吕禄、吕产，得到了太尉周勃、丞相陈平、相国曹参、朱虚侯刘章等朝中大臣的策应，一场由外到内的军事政变瞬间发生，吕氏精心培植的外戚集团，几天之内就被扫荡殆尽。

远在岭南的南越国，虽然并未受到刘氏皇族集团和吕氏外戚集团的斗争影响，但却直接被吕后采取的极具针对性的政令严重打压，堪称逼上绝路。汉惠帝虽然是傀儡皇帝，但其在位期间，吕后只是控权而未执政，汉王朝和南越国的友好往来仍然得以继续发展，到了公元前187年吕后临朝称制，双方的关系开始发生变化，前三年还能勉强维持原状，第四年（高后五年，即公元前184年），吕后亲近奸佞谗臣，听信那些要针对性制约诸侯王、区别对待蛮夷之类挑拨离间的话，又得"有司请禁南越关市铁器"，突然颁布"毋予蛮夷外越金铁田器；马牛羊即予，予牡，毋与牝"的诏令，总的来说就是"别异蛮夷，隔绝器物"。这道诏令显得任性、毒辣而可笑，等于以耍性子的方式公然对南越国实行经济封锁，即禁止提供金属铜铁器具，马牛羊可以给，但只能给公的，不能给母的。不光强调要从制裁的方向区别对待南越，竟然具体到不能让南越国有生产工具可用，连牲畜都不能在南越之地配种繁衍。这样的诏令，当真是见所未见、闻所未闻，可谓令人惊掉下巴。

其时，南越国的农业经济发展如火如荼，由于大力推广中原先进的生产工具和耕作技术，生产力迅猛提高，对于铜铁器、田器、马牛羊等的需求量日趋增大，而这些生产物资基本依赖于从中原输入。《史记·货殖列传》记载了一个叫程郑的人，与卓氏一同从山东迁到临邛（今四川邛崃），经营铸铁业，专门把铁器卖给南越人，发了大财，成为当地的两大富商，由此可见那时候岭南地区对于铁器的需求程度。而吕后不仅轻听“有司”（官吏）显然是见风使舵的奏请，还令人啼笑皆非地加上“马牛羊即予，予牡，毋与牝”，这无疑是严重的歧视和致命的打击。

面对这道突如其来的诏令，赵佗大为不满，又感到很是错愕，揣思再三，认为吕后可能是听信了一直对自己虎视眈眈的长沙王的谗言，否则吕后不至于如此不分青红皂白，颁布诏令形同儿戏。于是赵佗强抑恼怒，派遣官员前往朝廷周旋，接连派出了“内史藩、中尉高、御史平凡三辈”，试图请求吕后改变政策。然而令赵佗意想不到的是，吕后一点都不买账，不但毫不讲理地扣留了他派出的这三位官员，还因此迁怒于他的宗族，派人诛杀他在中原的族人，并捣毁了其父母在老家真定的坟墓。

吕后如此暴戾无常，不惜施加杀宗亲、掘祖坟这种奇耻大辱的做法，令赵佗伤痛欲绝，悲愤交加，再也压制不住心中蹿起的熊熊怒火。他公开谴责吕后听信谗言、歧视南越的不智之举，同时指责邻国长沙国挑拨离间、狼子野心，并断然扯起与汉朝分庭抗礼的旗号，自行称帝。《史记·南越列传》记述了赵佗称帝前所说的一番话：“高帝立我，通使物，今高后听谗臣，别异蛮夷，隔绝器物，此必长沙王计也，欲倚中国，击灭南越而并王之，自为功也。”也就是说，赵佗称帝实属忍无可忍，他并没有将矛头直接指向汉朝廷，而更多的是指向吕后和长沙王，主要是指责长沙王行使毒计，想借朝廷的力量吞并南越，这就为他此后再次归汉留下了理由，可见他在愤怒之中仍然保持着理智。公元前183年，赵佗宣布自立为帝，号“南越武帝”。从自称南越王到再称南越武帝，中间经历了20年的变化，虽然实际称帝的时间殊为短暂，但赵佗也算是过了一把“皇帝”瘾，从中亦可看出，他确实是一个能够将宏图伟业扩展到无限的人物，此前他曾对陆贾放言“吾不起中国，故王此；吾若起中国，何遽不若汉王”，绝非信口开河。

赵佗称帝后，“恨长沙王图己”，为示惩戒，发兵攻打长沙国，所向披靡，但见好就收，连破数县而回。在此，赵佗只是略试牛刀，并未大动干戈，只是针对长沙王而对汉朝廷有所保留，当然事实上也等于触犯了汉朝廷。消息传到长安，吕后勃然大怒，下令削去赵佗的南越王封号，并派遣隆虑侯周灶、博阳侯陈濞率兵前去征讨。隆虑侯周灶和博阳侯陈濞，曾为刘邦身边的护卫大将，忠勇兼备，颇具将才，后来又成为派驻长沙国以监视南越国的将领，可见受到朝廷较大器重。然而他们的征讨南越之行，却显得极为潦草而无能，连正面交锋的机会都没有过，当然也是吕后低估了越地险峻和赵佗的实力。这两人统率军队，自长沙逼向南岭，展开对南越的进攻，却被赵佗的部队在各个关城要塞据险阻住，久战无功，连一座小关防都未能拿下。其时正值南方暑天，炎热多雨，汉军士卒水土不服，军中病疫流行，严重丧失战斗力。双方对峙了一年多，汉军攻势始终未能逾越南岭，这种僵持局面一直持续到第二年吕后病死，汉朝军队撤退至长沙国，宣告罢兵休战。

吕后的讨伐大军，自恃强盛，却竟然连南越国境都未能踏入一步，无功而返不说，且还损兵折将。这个结局使得赵佗在岭南内外的威望陡然提升，一些邻国不得不对南越国另眼相看又心怀顾忌。具有极强战略眼光和政治嗅觉的赵佗，趁机“以兵威边”，一边陈兵压境，一边又以财物利诱，使得相邻的一些小国相继从服，连实力不弱的闽越国、夜郎国也慑于其气势而由对等转为依附，从而扩张了南越国的势力范围，将国境扩展至东西一万余里，稳固了称帝之后的王国统治。赵佗由此“乃乘黄屋左纛，称制，与中国侔”（《史记·南越列传》），即出入乘坐与皇帝一样的车盖，行使与皇帝一样的形制，俨然认为自己与中原皇帝平起平坐。

赵佗是一个非常善于把握时机的人，汉王朝首次攻伐南越，不仅没有令他受到压力和挫折，反而促生了他借机扩张的念头及行动。南越国由拒汉得力而实施的“威边”之举，直指闽越国和西南夷国家，也敲打了一下西瓯、骆越等之前还不是太服气的部族。闽越国是比南越国更早接受汉朝册封的一个诸侯小国，秦朝末期，天下大乱，以闽江流域为中心的闽越族人，在首领无诸的带领下，投奔最先起兵响应农民起义的鄱阳令吴芮，再由“事楚”而“佐汉”，及至刘邦称帝，便封无诸为闽越王。无诸姓驺，为越王勾践后裔，他受封闽越王后，于治山（今福建福州）创建治城，开辟闽土。治城为福州建城之始，无诸则是闽越族出现的第一个卓著人物，被尊奉为“开闽始祖”。

赵佗接受汉高祖刘邦的册封后，南越国和闽越国就成为同属汉朝的外藩国，两者关系是对等的。然而由于赵佗与吕后撕破脸皮，公然发兵攻打长沙国，轻而易举地破获了几个县，接着又以实力击退前来讨伐的汉朝大军，使闽越国对南越国不得不生出畏惧和防范，生怕也像长沙国那样被南越军队前来夺走几个县。不出所料又超乎所料，赵佗还是派人来了，但来的并不是军队而是使者，并且带着丰厚的财物，条件是要闽越国“役属焉”（《史记·南越列传》）。闽越王无诸虽然心中不爽，但又不敢不答应，于是假装愉快，表示南越闽越理应同气连枝，共同做大做强，此后愿意“奉佗政令”（《南越五主传·先主传》），唯南越国马首是瞻。

夜郎国是西南夷各国中历史最久、疆域最大、实力最强的国家之一，大约在战国时期就已存在，范围包括今贵州、云南大部分地区及四川南部地区。据史书称夜郎国控制着周边22个部落小国，其中包括毋敛国这样小有实力的部落国家，共计拥有精兵10余万，境内盛产雄黄、雌黄等矿物，物产丰富。夜郎国与南越国的西面毗邻，在地缘政治上休戚相关，依以并存，南越国初立时，两国就建立了联系，有商贸往来。赵佗抗汉成功后，声威大振，南越国已形同南方至东南、西南各个国家的老大，连背后有大汉王朝撑腰的闽越国都不得不依附，由此夜郎国更加依赖南越国，表示愿意接受役属。在夜郎国的表态之下，其他西南夷小国也纷纷表示依附。据《史记·西南夷列传》记载，赵佗派往西南夷国家的使者，曾向西到达同师（今云南保山一带），一路收买拉拢，赠财施物，以恩威并施的手段与多个国家建立了一种松散式的役属关系。

赵佗称帝，在一定程度上意味着南越国由王国统治转向了帝国统治，有着君主制国家的含义，亦表明南越国曾一度摆脱了与汉朝的臣属关系而彻底独立。赵佗称帝的时间，从公元前183年开始，至公元前179年去除帝制，中间虽然不过短短4年，但不能不说是一次由王国到帝国的跨越。应该认为赵佗也是一个崇尚权力地位到极致的人物，内心汹涌的帝皇之梦伴随着机遇的来去而起起落落，并曾短暂付诸实现且始终不肯丢弃。有一个秘密却又可知的情况是，再次归汉称王的赵佗，虽然按照汉王朝的要求表面不再称帝，但暗地里仍以“武帝”自居。这一对帝号的私下迷恋延伸到了他的孙子——南越文王赵胡身上，1983年，考古学家在发掘南越文王赵胡墓时，从出土的文物中发现一枚“文帝行玺”金印，证明赵胡又僭称“文帝”，至少在南越国内维持着哪怕只是空虚或隐秘的帝号。

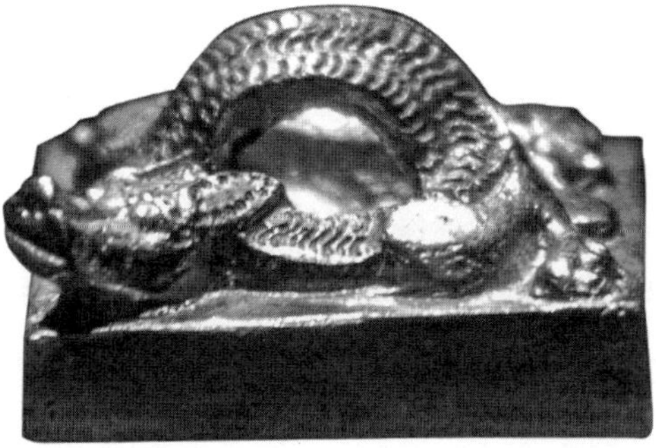

南越王墓出土龙钮帝印

两封外交书信

公元前180年，连续把控了三任傀儡皇帝的吕后病逝，她一手培植起来的吕氏外戚集团也随之分崩离析，清除吕氏一党有功的朝廷重臣陈平、周勃等人经过密议，认为吕后所立的后少帝刘弘并非惠帝刘盈亲生子，就连刘盈另外的儿子刘疆、刘朝、刘武等，都不是正统的，要么是刘盈和宫女私通生下的私生子，要么是吕后令刘盈所收的不明儿子，据传吕后为培植吕氏集团力量，将刘盈六个儿子的亲生母亲都杀掉了，由自己亲自抚养。鉴此，陈平、周勃等人认为惠帝一脉已非皇室正统，于是废除后少帝，扶持刘邦和侧室薄姬所生的儿子、其时封为代王的刘恒继登大位，这就是赫赫有名的一代贤明君主汉文帝，从而拉开了中国历史上一个象征着太平盛世的时期——文景之治的序幕。

这位等于以捡漏的方式当上皇帝的汉文帝刘恒，是刘邦的第四子，汉惠帝刘盈同父异母的兄弟，其母薄姬，原是刘邦在一笔风流债中随意纳入皇宫的姬妾，向来得不到重视。在皇室冷遇中成长的刘恒，因为从小不受待见，疏离于宫室皇子之间，自立自长，养成了谨小慎微、冷静沉稳、宽仁和善的性格。公元前196年，刘邦御驾亲征平定了自封为代王的代相国陈豨的叛乱，随即册封时年八岁的刘恒为代王，前往代地晋阳（今山西太原）就藩，其母薄姬随行，称代国皇太后。刘恒在代地十五年，由小小少年而转入青春年华，蓬勃成长，初显仁政，已然显现出治理一方的杰出才能，流露出守土安邦的王者风范，称“与民休息，发展生产，恭俭作则，代地由是大安”。

陈平、周勃等人派出的使者，不事声张地来到代国，向刘恒递交了请他回朝登基的密信。刘恒开始不敢相信会有如此飞来洪福，惊疑参半，且喜且忧，既希望密信所言真实无虚，又担心这是朝政变更的削藩之计，召集臣属们商议，有人说中央大臣刚刚诛杀了吕后一党，宫廷动荡，此时来召，不可轻信，宜静观其变；有人说高皇帝遗子中现今代王为长，又素知代王仁爱忠厚，顺应人心，而天下终究是刘氏江山，无须多作顾虑。刘恒又请示母亲薄太后，同时派人往长安打探虚实，并通过占卜得出可即位天王（天子）的吉卦，种种迹象表明一切均是时来运转，势之所趋，于是放下心来，率众回朝，选择良辰吉日隆重登基，成为西汉的第五位皇帝。有些历史文献把吕后所立的前少帝和后少帝忽略不计，而将文帝称为西汉的第三位皇帝。

文帝即位不久，便颁发诏书，大赦天下，修改苛政，松缓刑罚，与民休息，促进生产的恢复和发展。对待附属国，文帝采取的是安抚优待的方法，“使告诸侯四夷从代来即位意，喻盛德焉”（《汉书·西南夷两粤朝鲜传》），即派使者通告诸侯和四方蛮夷的君长，告知他们代王来京即皇帝位的用意，使他们知道新天子的施政之德，并公开纠正了吕后“别异蛮夷”的错误做法。此时，善于审时度势的赵佗，敏感地察觉到了汉朝政治方针的变化，预料到接下来汉越之间必将又有一场谈判，与其被动等待，不如主动出击，于是他写了一封信，派人送给驻守长沙国边境的汉将周灶，“请罢长沙两将军兵，求还兄弟之在真定者，将与汉和。”表示如果汉朝撤去驻守长沙国而监视南越国的两队兵马，也就是隆虑侯周灶和博阳侯陈濞的军队，放还他在老家真定的兄弟族人，即可与汉朝握手言和。周灶接到赵佗书信，不敢怠慢，当即送呈朝廷。

赵佗请求罢撤汉朝派驻长沙国的两支军队，有着迫切而又深远的考虑。1973年长沙马王堆出土的西汉长沙国南部《驻军图》显示，长沙国和南越国的边境呈现“地犬牙相入”的态势，长沙国有一小部分边界甚至越过了九嶷山，到达今广东的连州，汉朝在边界沿线始终驻有重兵，就像楔子一样插在那里，对南越构成极大的威胁。在赵佗的要求下，汉文帝虽然罢免了博阳侯陈濞，但只是相应地裁撤了部分军队，仍然保持着相当的兵力。在赵佗看来，汉朝在边界陈兵过多，就像眼中钉一样使他时刻感到不安，因此将罢撤“两将军兵”作为首要谈和条件；在汉文帝这边，为表示优抚诸侯四夷的诚意，且由于中原内乱刚刚平息，也有意作出让步，但又不能全盘接受，有损大国威仪，因此打了个半折，只罢去了“两将军兵”的陈濞一支。

话说回头，汉文帝得知赵佗先行言和，大加赞赏，当即作出批复，又决定派特使专门到南越国宣诏。在使者尚未出发之前，先拿出实际行动，恢复向南越提供铁器、农具、马牛羊等，又派人修葺了赵佗在真定的祖先坟墓并派兵守护，同时召见赵佗在中原的宗族兄弟，给予官职赏赐。对于前往南越国传诏的特使人选，文帝起用了赵佗的老朋友、其时已年过花甲的太中大大陆贾。陆贾在朝中德高望重，之前吕后扶植吕氏一门，担心陆贾劝谏会引来众臣附和，不好对付，便以年事已高为由让陆贾居家休养。陆贾自知无力争取，只好称病不出，对政事时局貌似不闻不问，实则暗暗关注，正是他偷偷向丞相陈平献计，建议以“相将交”来牵制吕后。据说，陈平为感谢陆贾，以“饮食费”为名，送了他一百名奴婢，五十辆马车，五百万钱，陆贾依靠这些财物到处走动游说，在公卿大夫中充分发挥他非凡的口才学识，一时声名大震。

陆贾又一次踏入南越的土地，轻车熟路，倍受礼遇，成为南越自立国以来最为隆重接待的一位座上宾。如果说第一次出使南越是陆贾的辩才起了关键作用的话，那么第二次同样是劝谕赵佗归汉称臣的出使，他根本就不用多发一言，主要的作用就是以他的声望卖卖面子，因为汉文帝写给赵佗的诏书已经把要说的都说了。这封诏书，史称《赐南越王赵佗书》，虽说是皇帝书信，但却“无天子之威，有常人之情”，措辞平和，情理兼蓄，从中可以窥见一位清正贤明、格调高远、以德服人的帝王风范。兹录如下：

皇帝谨问南粤王，甚苦心劳意。朕，高皇帝侧室之子。弃外奉北藩于代。道里辽远，壅蔽朴愚，未尝致书。高皇帝弃群臣，孝惠皇帝即世，高后自临事，不幸有疾，日进不衰，以故悖暴乎治，诸吕为变故乱法，不能独制，乃取它姓子为孝惠皇帝嗣，赖宗庙之灵，功臣之力，诛之已毕。朕以王侯吏不释之故，不得不立，今即位。乃者闻王遗将军隆虑侯书，求亲昆弟，请罢长沙两将军。朕以王书，罢将军博阳侯。亲昆弟在真定者，已遣人存问，修治先人冢。前日闻王发兵于边，为寇灾不止，当其时，长沙苦之，南郡尤甚。虽王之国，庸独利乎！必多杀士卒，伤良将吏，寡人之妻，孤人之子，独人父母，得一亡十，朕不忍为也。朕欲定地犬牙相入者，以问吏，吏曰："高皇帝所以介长沙土也"，朕不得擅变焉。吏曰："得王之地不足以为大，得王之财不足以为富，服领以南，王自治之。"虽然，王之号为帝。两帝并立，亡一乘之使以通其道，是争也。争而不让，仁者不为也。愿与王分弃前患，终今以来，通使如故。故使贾驰谕告王朕意，王亦受之，毋为寇灾矣。上褚五十衣，中褚三十衣，下褚二十衣，遗王，愿王听乐娱忧，存问邻国。

在诏书中，文帝一开始就放下君临属国的气势，以友好的姿态向赵佗致以问候，随即坦承自己并非高祖嫡子，又与吕后没有血缘，表明之前对南越的制裁确实是吕后不当，接着转入到与南越关系的修复上，说已经根据赵佗的请求罢免了长沙国的将军，关照了他的宗族兄弟，为他的先人修了坟墓。在此话锋一转，指出赵佗攻打长沙国，双方均损失严重，这是他不忍看到的。接下来，汉文帝借长沙国和南越国的属地纠纷，提出了极富创造性的中央和地方关系的政治构想"服岭以南，王自治之"，意指五岭以南的地方，赵佗自己治理好就行了。最后，文帝指出赵佗擅自称帝，使一个国家两帝并立，将会引发争端，祸及黎民，不是仁者所为，希望彼此可以抛弃前嫌，从此永远像以前一样互通使节。

文帝的这封诏书，客观公正，言辞委婉，内容丰富，但又绵里藏针，无可辩驳。武将出身的赵佗，对此是如何反应的呢？《史记》说："陆贾至南越，王甚恐。"《汉书》则说："陆贾至，南粤王恐。"或者说两者均只有一个字

“恐”，意思是说赵佗读了文帝的诏书后，惶恐之至。这未免也小看了赵佗，他虽然对汉王朝心有忌惮，然而还不至于诚惶诚恐，应该说只是从安定大局着想而有所担忧，从陆贾首次出使南越时彼此那段激荡风云的对话来看，他是足够自信并具有桀骜不驯的枭雄本色的，对一手夺得天下的汉高祖刘邦他尚且不怎么放在眼内，何况一个刚刚继位又并未经历过征战杀伐的青年汉文帝。他当然知道自己公然称帝，虽因忍无可忍而起，但无论如何都有失君臣之道，如果不想顽抗到底玉石俱焚，被削除帝号是迟早的事；他也很明白以南越国的绵薄之力，实在不足以与汉朝抗衡，因此才会在汉文帝上位不久就先行递书求和，“明哲炳于几先，故能变逆为顺，以相安于无事耳”（《广东新语·文语》）。可以说，赵佗早就期待着汉朝使者的到来，也早就做好了再次称臣的准备，唯一希望的是汉皇帝对自己不会过于严厉，还能够继续相安无事，因此在陆贾宣读完汉文帝的诏书之后，赵佗马上表示愿意奉诏，不再称帝，撤销黄绫车盖左旗，永为汉朝的藩臣属国。

陆贾回去时，赵佗给汉文帝写了一封回信，亦照录如下：

蛮夷大长老夫臣佗昧死再拜上书皇帝陛下：老夫故粤吏也，高皇帝幸赐臣佗玺，以为南粤王，使为外臣，时内贡职。孝惠皇帝即位，义不忍绝，所以赐老夫者厚甚。高后自临用事，近细士，信谗臣，别异蛮夷，出令曰：“毋予蛮夷外越金铁田器，马牛羊即予，予牡，毋予牝。”老夫处僻，马牛羊齿已长，自以祭祀不修，有死罪，使内史藩、中尉高、御史平凡三辈上书谢过，皆不反。又风闻老夫父母坟墓已坏削，兄弟宗族已诛论。吏相与议曰："今内不得振于汉，外亡以自高异。"故更号为帝，自帝其国，非敢有害于天下也。高皇后闻之大怒，削去南粤之籍，使使不通。老夫窃疑长沙王谗臣，故敢发兵以伐其边。且南方卑湿，蛮夷中西有西瓯，其众半羸，南面称王；东有闽粤，其众数千人，亦称王；西北有长沙，其半蛮夷，亦称王。老夫故敢妄窃帝号，聊以自娱。老夫身定百邑之地，东西南北数千万里，带甲百万有余，然北面而臣事汉，何也？不敢背先人之故。老夫处粤四十九年，于今抱孙焉。然夙兴夜寐，寝不安席，食不甘味，目不视靡曼之色，耳不听钟鼓之音者，以不得事汉也。今陛下幸哀怜，复故号，通使汉如故，老夫死骨不腐，改号不敢为帝矣！谨北面因使者献白璧一双，翠鸟千，犀角十，紫贝五百，桂蠹一器，生翠四十双，孔雀二双。昧死再拜，以闻皇帝陛下。

赵佗的这封回信，史称《报文帝书》。这同样是一封极为高明的外交书信，赵佗展示了他老练的政治家本色，信中多次摆出倚老卖老之态，以自己的年老对应汉文帝的年轻，在人伦道义上占了优势。又历数吕后的所作所为，如不给铁器田器，马牛羊只给公的不给母的，又扣留南越使者，毁自己祖坟，杀自己兄弟族人，这些都是不可忍受的，因而他才会自立为帝，而攻打长沙国，是怀疑长沙王挑拨离间，绝对不是针对朝廷。对于称帝问题，赵佗则用轻松甚至滑稽的笔调来作辩解，说南越国周边的一些小国都称王，我一把年纪了，不屑与他们为伍，所以才私自用了帝号，不过自娱自乐。在巧妙开脱的同时，赵佗还以自己的辖地和兵力进行了看似不经意的示威，并借机以"不敢背先人"表达对中原的情感和对汉朝的忠心，最后感谢汉文帝恢复通好，自己再也不敢称帝了。

赵佗少年入伍，长处军中，青年时期即到南越，此后长居岭南，应该说没什么机会读书。假如这封回信是他亲笔所写，那么足见他的文采也非同寻常，说明他是一个具有较高天赋并注重学习和提升自我的人，堪称文才武略均非凡出众。历代众多文人学者对赵佗给汉文帝的回信评价很高，晚唐诗人许浑称赵佗的文采影响了岭南的文明发展，曾作《登尉佗楼》一诗，盛赞“越人未必知虞舜，一奏薰弦万古风”；屈大均在《广东新语·文语》中就对此赞赏备至，称“南越文章，以尉佗为始，所上汉文帝书，辞甚醇雅”，并将这封书信收入他编纂的《广东文选》中，说“予撰《广东文选》以佗始，佗孙胡次之，重其文，亦重其智也”。现代考古证明，赵佗写给汉文帝的书信，是目前可见的岭南最早的一封书信。从文学的角度来看，也可以认为是岭南最早出现的文章，是一篇集政治性、社会性、文学性于一体的散文，是岭南文学的开山之作。

陆贾走后，赵佗当即通令南越各地：“吾闻两雄不俱立，两贤不并世，汉皇帝贤天子。自今以来，去帝制黄屋左纛。”（《汉书·西南夷两粤朝鲜传》）在通告中使用“两雄不俱立，两贤不并世”这样的措辞，说明赵佗刻意在南越上下维持面子和权威，并不肯因此而贬低自己一分，还透露出一种谦让、不争的信息。为消除汉帝的疑虑和公众的揣测，明示对汉朝廷的拥护之心，赵佗又传令在都城西面圆冈（今越秀山，古称越井冈）筑朝台，又称朝汉台，每月登台向北朝拜。建成的朝台高大雄峻，矗立于越秀山主峰之上，四周林树簇拥，花草烂漫，风光秀丽，同时成为南越王接待北方使节、大宴群臣、举行祭祀典礼的上佳所在，后世称之为越王台。《水经注》记载："佗因冈作台，北面朝汉；圆基千步，直峭百丈，顶上三亩，复道回环，逶迤曲折，朔望升拜，名曰朝台。"清同治年间《番禺县志》记载："越王台，在番禺县北二里。台冈一名'越井冈'，又谓之'天井'。"清代阮元《广东通志》引旧《南海县志》记："观音阁之东北为越王台故址……台之西，阁之北，为镇海楼。"

广州的越王台，一度成为南粤胜景，引来历代众多文人骚客、名流雅士的吟咏缅怀，即使后来只剩下模糊的遗迹，仍然迎来无限的凭吊怀古，留下洋洋洒洒的诗词佳句。如南宋杨万里的"南海行几遍，东湖欠一来。若无韩子庙，只有越王台"，宋代洪适的"一笑坐开桑落酒，几声乐奏越王台"，宋末文天祥的"登临我向乱离来，落落千年一越台"，元末明初刘崧的"越王台榭已成原，汉殿空余铁柱存"，明代丘濬的"临岐凝望邈，目断越王台"，明末清初屈大均的"五色仙禽餐不尽，纷纷衔过越王台"，清代廖燕的"粤峤犹存拜汉台，东南半壁望中开"，清代朱彝尊的"遥怜望乡处，日上越王台"，清代黄遵宪的"秋风独上越王台，吊古伤今几霸才"，等等。另据屈大均的《广东新语》和清代林辉、赵古农的《岭海剩》记述，南越境内还有两个越王台（统称），一个在今梅州五华，叫"长乐台"，为赵佗任龙川令时所筑；一个在今云浮新兴，叫"白鹿台"，为赵佗晚年出巡行宫时猎获白鹿而筑。

陆贾两次出使南越，均圆满地促成了汉越修好，可谓以一己之力搭起了汉王朝与南越国之间一座友谊的桥梁，注定千古流芳。而他留在南越的言行踪迹，也被长久铭记。据说古番禺城的西十里曾有一个陆贾城，正是陆贾出使南越时所筑，《广东新语·地语》称“其遗基在郊西十里，地名西场，……有荔支湾、花坞、藕塘之饶，盖贾之所尝经营者也”。赵佗还以陆大夫“有威仪文采，为越之华”，在城西埗头为他盖了一座“越华楼”。此外，相传陆贾带来了原产西域的耶悉茗花（后称“素馨花”）和茉莉花种子，在番禺广为种植，为现今广州的“花城”之名增添了一抹古老而凝重的色彩。他根据在南越期间的所见所闻，著有《南越行纪》一书，是可知最早专记岭南地理风俗的志书，可惜早已散佚。晋代嵇含所著的《南方草木状》曾引述《南越行纪》中描写的奇花异草，明代黄佐编纂的《广东通志》录入《南越行纪》书目。

据知，自南越国时期起，广州就广泛引入来自异域的奇花异草，包括素馨、茉莉、郁金香、指甲花、水仙、睡莲等，与岭南本土花木交相辉映；唐宋时期，广州就因为花田遍布、花卉繁多、芳香满溢而拥有了“芳村”之称，种花卖花、买花赏花渐成风气；明清时期，广州形成了享誉盛名的花卉产地和园林区“花埭”（花地），在各城门、寺庙等处出现了花市、花圩。清代文学家沈复在《浮生六记》中记述：“对渡名花地，花木甚繁，广州卖花处也。余自以为无花不识，至此仅识十之六七。询其名，有《群芳谱》所未载者。”

赵佗之死

汉文帝和赵佗的书信，虽然互藏机锋，堪称笔墨间硝烟弥漫，然而就国事谈判而言，却显得无比温和，仅仅如此就修复了汉王朝和南越国之间割断了几年的友好关系，化解了一场有可能兵戎相见的重大政治冲突，不能不说是千秋佳话。但是有一点应该留意，赵佗称帝本是汉越之间谈判的焦点，汉文帝的诏书中明确指出不能“两帝并立”，赵佗的回信中也承诺了“不敢为帝”，并在国内传令去除了帝制。但事实上后来赵佗一面对汉称臣，一面仍然以“武帝”自居，《史记》《汉书》都提到赵佗“其居国，窃如故号”，也就是说南越国虽然去除了帝制，赵佗却还在国内私用帝号。不仅如此，在赵佗死后继任为南越王的赵胡，也僭称“文帝”。

另外，按当时的规定，诸侯王都要定期到长安去朝见天子，南越国属外诸侯国，与内诸侯国有所区别，但也不能总是不入朝，然而赵佗屡屡称病，就是不去。他对西汉王朝始终怀着戒心，曾告诫子孙们说：“事天子期毋失礼，要之不可以怵好语入见，入见则不得复归，亡国之势也”。（《汉书·西南夷两粤朝鲜传》）意思是说对汉朝天子只要不失臣子之礼就可以了，千万不要因为好言好语而去朝见，如果去了就可能回不来，导致亡国。后来的事态发展证实赵佗的预见无比正确，他真是一个活到最后都那么通透明察的超级人精。

汉王朝和南越国重修于好的这一年，是公元前179年。

自此，赵佗重新对汉称臣，履行诸侯王之职，时时派遣使者入贡，向中原地区输送大量南方特有的物产。而汉朝也恢复了对南越地区的通关，大批有助于改善岭南落后状态的物资源源不断地运入，中原商客、使者络绎往来，带来先进的技术、新颖的理念以及多元的文化等，有效地打破了岭南地区长期以来的封闭面貌。南越各族人民全面摆脱了刀耕火种的原始生产方式，生产力和创造力逐步提高，向中原社会发展水平持续推进，岭南大地百业兴起，百姓富庶，社会和睦，国泰民安。

公元前157年，汉文帝刘恒驾崩于长安，这位开创了中国历史上空前盛世“文景之治”的一代贤明君主，自23岁登基，在位23年，去世时年仅46岁，葬于长安东面的霸陵，庙号太宗，谥号孝文皇帝。汉文帝的政治功绩，主要在于发展生产、减免赋税、改进律法、缓和刑罚、安定团结、优抚天下等；他是一位以勤俭著称的皇帝，躬行节俭，励精图治，在位期间，平时穿戴都是用粗糙的黑丝绸做的衣服，车骑服御之物都没有增添，屡次下诏禁止郡国贡献奇珍异宝，就连为自己预修的陵墓，也要求从简；他同时极具孝心，曾贴身侍奉卧病在床的母亲薄太后三年，所煎的汤药他都要亲口尝过才放心给母亲服用，中国传统文化典籍《二十四孝》中收有他“亲尝汤药”的事迹。

汉文帝驾崩后，其嫡长子刘启继位，是为汉景帝。汉景帝是继汉文帝之后又一位英明仁厚的君主，他在位期间，继续推行无为而治、与民休息、轻徭薄赋、减缓刑罚等政策，使社会经济得到了进一步恢复和发展，又加强了中央集权统治和行政司法统一。主要表现为：第一，在经济方面，执行重农抑商的既定政策，劝勉农桑，减租减赋，订立了成为西汉定制的田租税率，即将田租由十五税一改为三十税一；第二，在政治方面，致力巩固中央集权，推行“削藩”策略，平定“七国之乱”，抑贬诸侯的地位和权力，使诸侯仅领一郡之地；第三，在法律方面，实行轻刑慎罚的措施，推进文帝时期的“卖爵令”和“黩罪之法”，减轻百姓徭役，又下令将男子开始服徭役的时间推迟三年；第四，在文化方面，倡导上至朝廷、下至郡县重文兴教，开放思想，开创了“郡国官学”，允许各家学派的存在。

汉景帝是西汉王朝的第六位皇帝，自汉高帝刘邦之后，西汉第二、三、四位皇帝，实际上都形同虚设，朝政大权控制在吕后手里。直到吕后去世，文帝上位，西汉的治理发展才真正走上正轨，迅速步入到一个在历史上形成极大影响的兴盛时期。如果说汉文帝拉开了“文景之治”的序幕，那么汉景帝则将“文景之治”推向了高峰，承前启后，继往开来。班固在《汉书》中写下如此评价：“汉兴，扫除烦苛，与民休息。至于孝文，加之以恭俭，孝景遵业，五六十载之间，至于移风易俗，黎民醇厚。周云成康，汉言文景，美矣。”

“文景之治”缔造了一个国泰民安、政通人和、丰衣足食的盛世时代。公元前141年，汉景帝刘启驾崩，时年48岁，在位16年，谥号孝景皇帝，葬于咸阳阳陵。此时，距离汉文帝传诏赵佗，汉越重修于好，已经过了38年。南越国这边，同样太平安定，百姓富庶，其乐融融，而南越王赵佗已经100

岁了，依然屹立不倒，据说仍然耳聪目明、精神十足，就在他进入百岁的这一年，还兴致勃勃地向西出巡，视察行宫，为鼓励生产，操练兵马，在今云浮新兴境内进行田猎，竟然捕获一只漂亮无比的白鹿。白鹿在其时象征祥瑞，赵佗由此心情大悦，认为是一个吉兆，命人于当地修筑“白鹿台”以作纪念。屈大均《广东新语·宫语》有载：“新兴县南十五里有白鹿台，佗猎得白鹿，因筑台以志其瑞。”然而这一自以为的“吉兆”，或许恰恰是一个“凶兆”，曾有修行之士私下说鹿生百年而白，乃是神兽，不可亵渎，现在被抓获，赵佗的寿命可能要止于此了。但无人敢将这一说法公开传播，当然，这不过是一种未免牵强的言论，以赵佗的百岁高龄，有没有捕获白鹿，大概都寿之将尽了。

公元前137年，在传奇中走过了整整一个世纪的“南天一柱”赵佗无疾而终，享年约103岁。算起来，自公元前218年率军南征百越起，赵佗在岭南度过了80多年的漫长岁月，其中称王称帝达67年。他的到来，改变了岭南原始的蛮荒景象，统一了岭南最初的混乱局面，创立了岭南历史上的第一个国家，由此将岭南一步一步地带向文明、繁荣和昌盛，是名副其实、当之无愧的“开拓岭南第一人”。可以认为，如果没有赵佗在2000多年前开拓岭南，岭南的文明开端，不知要往后推迟多少年；如果开拓岭南的不是赵佗这样一个非同凡响的人物，岭南的文明进程，又不知将如何缓慢无力。赵佗与岭南，是相互开拓、相互成就的一种存在。

赵佗终于还是死了，在他称得上漫长的人生中，不知有多少人希望看到他的死亡，而他总是活着。中国古代能活到

100岁以上的人，秦汉之前可谓鲜有听闻，要有也只是存在于民间传说或不可确信的记述中，例如上古时代相传活了800多岁的亦人亦神的彭祖，还有春秋时期相传活了101岁的道学创始人、道教始祖老子。《史记·张丞相列传》中也记载了一个寿过百岁的张苍，为汉代“文景之治”时期的丞相，“苍之免相后，老，口中无齿，食乳，女子为乳母。妻妾以百数，尝孕者不复幸。苍年百有余岁而卒。”此外，其他都是浮云，自诩“千古一帝”的秦始皇，晚年极力寻求长生不老之术，却不过才活到49岁，寿命还不如赵佗的一半。与赵佗同时期的历史大神，他最著名的老对手和老朋友，汉高祖刘邦，比赵佗约年长10岁，在生命的最后几年想方设法置赵佗于死地，结果自己先死了，仅仅活了62岁；汉大夫陆贾，与赵佗同龄，威仪文采，超凡脱俗，也只是活到71岁。

在古代，上古时代的不明帝王，往往会被刻意渲染为百岁以上的大寿者，比如说黄帝活了118岁，少昊活了100岁，尧活了121岁，舜活了103岁，并且均有生卒年份记录，不能不说其中掺杂着演绎的成分，现当代历史学家认为也有可能指的是这些帝王各自部落存在的时间而非他们的个人寿命。赵佗的百岁之寿，在后世也受到一些质疑，有人推测也许和上古帝王寿命的说法如出一辙。也有人认为按史书记载，赵佗于公元前179年再次对汉称臣，至公元前137年被宣告去世，由其孙子赵胡即位，中间相隔了42年，期间却不见有关于他动态事迹的记录，这是极不正常的，很可能他在二次归汉不久就死了，不过大约活了70岁，是南越国为了维持局势稳定，尤其是防止汉朝乘机兼并而隐瞒了消息。相邻的闽越国在赵佗死后第二年即前来侵犯的事实证明，只要赵佗死讯一出，南越国就会遭受敌对势力发难。当然，这些都是貌似可成为依据但却不那么靠谱的推测，按《史记》《汉书》等的记述，赵佗大约生于公元前240年，卒于公元前137年，寿过百岁是可以肯定的。南北朝裴骃在《史记集解》中说："越王赵佗以建元四年卒，尔时汉兴七十年，佗盖百岁矣。""建元四年"指汉武帝建元四年，也即公元前137年。

在中国封建帝王中，赵佗可以说是独一无二的长寿者，他经历了战国、秦、西汉三个时期，出生于战国末期的赵国，秦朝时作为青年将领出征及留守岭南，在大秦帝国的崩塌中率先建立新的国家，称王比汉高祖刘邦称帝还早两年，而在他称王称帝的67年中，汉朝已经更换了七位皇帝。赵佗高寿，以至于他的儿子都先行亡故，继位南越王的是其孙子赵胡。正史中几乎没有关于赵佗儿子的记载，仅仅有旁史提及在他称王之前，有一位假事投降而大破安阳王的赵始，另有文献记录称赵佗有两个儿子，长子赵仲始，次了赵诞（或说为女儿），还有说法称赵佗有九个儿子。但不管他有多少个儿子，都没有一个能够熬过他，也或许赵佗过于强势而淹没了其儿子的光芒，包括后来的几任南越王，都在他强大的光环或余荫中显得过于黯淡，可谓后继无人。从宿命论来说，又或许赵佗以一己之强将南越国的气数用尽了，强弩折断，一损俱损。除了生命充沛，精力过人，赵佗也是一位强硬有力的王国统治者和维持者，在他的治理下，南越国不仅欣欣向荣，向中原社会发展水平推进，并且显得那样坚不可摧。从汉高祖刘邦开始，汉王朝就一直试图鲸吞与之并立、关系忽好忽坏的南越国，然而直到赵佗去世，这七位相继上位的汉皇帝，包括期间临朝称制且真正与赵佗交恶开打的吕后，始终没有一位能够撼动南越国。

赵佗逝世，他的孙子赵胡继承王位，成为第二任南越王，称南越文王，又称南越文帝。赵胡，生年不详，据越南古代历史学家吴士连的《大越史记全书》记载："文王在位十二年，寿五十二岁。讳胡，仲始之子，武帝之孙也。"按此推测，史载赵胡于公元前122年去世，那么他应该出生于公元前174年，继位时年37岁。然而对照赵胡于公元前137年继位这一时间，在位12年并不确实，只能做大致推断，就连其名字也扑朔迷离，《史记》《汉书》等多数史籍及历代文献均记载为赵胡，但在1983年发掘南越王墓时，却在出土的印章中发现一枚"赵眜"的玉印和"文帝行玺"金印，经考古学家证实，确认"赵眜"就是史书所载的"赵胡"，因此订正为赵眜。也有一些学者对考古学家提出的"赵胡"为"赵眜"的历史笔误持不同意见，有人推测"赵胡"为汉名，"赵眜"为越名，众说纷纭，这里沿袭史称。

赵佗一生强悍，或许还较为专横，致使南越自立国以来几乎没有一位能臣良将浮出历史的视野，最为人所知的只有一位由越人首领出任丞相的吕嘉，但在赵佗逝世之前，吕嘉也不怎么被提及，直到懦弱无能的赵胡即位，吕嘉的才能和声名才渐渐显露出来。赵佗自然是很看重吕嘉的，也明白赵胡没有什么能力，在他生命的最后时刻，特意将两人召到帐前，留下遗训，主要有两条：一条是叮嘱赵胡但凡遇到无法决断的大事，一概请问丞相；一条是后面在位的南越王，都

“赵眜”玉印

不要入朝去面见天子。纵观南越国93年的历史，可以看到真正起作用的支撑者实际上只有两个人，前绝大部分是赵佗，后一小部分是吕嘉。假如把《史记》《汉书》等记载的南越国历史当作一幅画来看，那么赵佗个人占据了大半个画面，并被赋予了浓墨重彩，吕嘉则是涂抹的余墨，其他几位南越王只不过是水墨的点缀。

赵佗既逝，大命所归，南越文王赵胡与丞相吕嘉一起，主持了开国以来最为盛大的国葬，举国上下郑重致哀，南越国所分封的王侯、朝臣、将士、郡县官吏以及黎民百姓，纷纷从四面八方赶至都城番禺吊唁，岭南大地山河含悲，哀声动天。令人疑惑的是，按照赵佗外诸侯国君王的身份，汉朝廷应该对赵佗逝世有所表示，然而史书文献中却未见有所提及，其时的西汉皇帝，是即位不过三四年的汉武帝，方才进入弱冠之年，刚刚开始正式执掌朝政。赵佗生前，就对自己的身后事作了周密的安排，先是在番禺城外秘密选定了墓地，但为了故布迷阵，遮人耳目，又让自己的心腹重臣、丞相吕嘉，带着得力人马在城郊周遭的禺山、鸡笼岗、天井岗等连岗接岭的地方，暗暗开凿疑冢数十处，其用意在于让后世之人无法辨别。此举不难理解，或许赵佗生前强横不容别人质疑，也担心死后会遭受后世之人掘墓，他自始至终都在刻意维护着自己不容冒犯的尊严。北宋李昉、李穆《太平御览》有评："佗虽僭，然能慎终其身，乃令后不知其处。"

按照祖父的遗命，赵胡精心安排了一个隆重却又特殊、隐秘的葬礼，发葬那天，派出重兵把城郊的连岗接岭处、也即先前所布的疑冢围得密不透风，随后，随着漫天的哀乐响起，四架无论是规制还是规模都极为相似的灵车，各载着一具一模一样的灵柩，同时从番禺城的四个城门走出，在众人的目送中缓缓消失，一路守候的送葬队伍，根本就分不清哪一架灵车上的灵柩是真的，也不知去向何方。直到下葬完毕，除了赵胡、吕嘉和几个亲近的大臣之外，无人知晓有着赵佗遗体的灵柩到底归于哪一处非凡的墓穴。

魏晋以来的历史文献，有不少提及赵佗陵墓的记载，但没有一条能够证实为确切可信。如晋代裴渊《广州记》云："（番禺）城北有尉佗墓，墓后有大冈，谓之马鞍岗"；唐代李吉甫《元和郡县图志》称："禺山在县西南一里，尉佗葬于此"；明末清初屈大均《广东新语》载："南越武王赵佗，相传葬广州禺山，自鸡笼冈北至天井，连山接岭，皆称佗墓"；北宋郑熊《番禺杂记》则推测赵佗墓可能位于今天的广州白云山上："佗死，营墓者数处，及葬丧车从四门出，故后不知墓之所在。惟菖蒲涧侧，石马舌上有云'山掩何年墓，川流几代人。远同金騕褭，近似石麒麟'，时莫解之，但疑其墓不远”；清代梁廷枏《南越五主传》则说：“葬城东北，南自鸡笼冈，北至天井，连冈接岭”……如此种种，不一而足，似乎唯有一点可以确认，赵佗是中国最早实行秘葬制的封建帝王，他的墓以山为陵，墓穴深藏于山体之内，地面不封不树，还营造了多个以假乱真的“虚冢”。

西晋王范在《交广春秋》中记载：“越王赵佗，生有奉制称藩之节，死有秘异神密之墓。陀之葬也，因山为坟，其垄茔可谓奢大，葬积珍玩。”王范此言，多有个人揣测，可能只是一种文学式的臆想，但却给赵佗身后带来了诸多麻烦，相传历代不少人都想找出赵佗的墓穴，最显著的如三国时期吴国控制交州（约辖今广东、广西和越南中部、北部），有“史上第一盗墓皇帝”之称的孙权，他指派交州治中从事吕瑜（或说为交州刺史吕岱）带几千人四处寻找赵佗墓，然而吕瑜在番禺周边凿山破石，挖地三尺，只挖到南越第三主——明王赵婴齐的墓穴。南宋诗人方信孺慨叹赵佗墓藏得比设置了七十二处疑冢的曹操墓还好，写下《赵佗疑冢》一诗：“漫说曹瞒七十余，老佗疑冢更模糊。不知禹葬会稽处，也有累累如许燕。”

赵佗墓还引发了诸多文艺演绎，有“传奇文学鼻祖”之称的唐代文学家裴铏，就写过一篇笔记小说，讲述一个叫崔炜的人，有一次因被人追杀而跌入一个很深的洞穴，被洞中白蛇带到一个宛若皇宫的地下宫殿。有一位女子接待了崔炜，告诉他皇帝已将齐王田璜的女儿田夫人许配给他为妻，并御赐一颗阳燧珠。接着又交给崔炜一首诗，叮嘱说当年他的先人在越王台上题诗一首，使得当地官员修饰了越王台。

皇帝很是赞赏，并以此诗相和，诗里把意思都写明白了，让他回去后，在七月十五日准备美酒佳肴到广州蒲涧寺去等，她会将田夫人送去。不一会，一位骑着白羊的使者从天而至，原来是羊城使者，女子便让使者回去时带上崔炜。崔炜回去后，果然在七月十五日于蒲涧寺等到了田夫人，终于从夫人口中得知了一切疑团的答案，原来他所到的地方就是赵佗墓，女子所说的“皇帝”就是赵佗。

赵佗之死，是他留在岭南的最后一个谜题，直至今天，经过2000多年的沧海桑田，其墓穴所在仍然是一个未解之谜，“南天一柱”的最后归宿，愈来愈显得神秘莫测、扑朔迷离。20世纪80年代，考古人员连续在广州象岗、凤凰岗发现了两处大规模的南越王墓，但仅能证实象岗一处是素未发现过的南越第二主赵胡墓，另一处应该就是曾被孙权派人盗挖过的南越第三主赵婴齐墓。考古学家据此推测，根据西周之后诸侯国“合族而葬”制度和“昭穆”制度（古代宗法制度对宗庙或墓地的辈次排列规定，始祖居中，左昭右穆），按赵胡墓位于象岗，疑为赵婴齐墓位于凤凰岗这样的方位和排列来看，离象岗最近又较大的山岗，只有越秀山，那么可以得出判断，赵佗墓极有可能就藏在越秀山的主峰（即古越井岗）之下。

南越国的衰落

随着“南天一柱”的轰然倒塌，南越国高大稳固的政治舞台也急剧倾斜，很快就迎来了意欲修改或退出的角色之间的争战，特别是那种原本就在这个舞台上忍气吞声的角色。公元前135年，相邻的闽越国趁赵佗亡故，新君初立，人心未定，试图摆脱与南越国的役属关系，发兵进犯南越国东端与闽越国交界的蒲葵关，谋划破关而入，向内推进，扩大闽越地盘。

本来，闽越国和南越国，同为汉朝的藩属国，两者在名义上是对等的，但后来赵佗称帝，以兵威边，迫使闽越王屈服，由此闽越国既臣属于汉朝，又依附于南越国。赵佗既死，“开闽始祖”无诸的儿子、时任闽越王驺郢认为不用再忌惮南越国，他素以为南越国内并无什么良臣良将，王室传承更是疲软，全赖赵佗一人之威，于是把握时机，调兵遣将，毫无征兆地向南越边关发起进攻。这一举动，意味着闽越对南越政治态度的改变，也标志着这两者之间的不对等关系走向终结。

南越国的第二任君主——南越文王赵胡，丝毫没有继承祖父的刚强果敢，恰恰相反，他生性怯懦，优柔寡断，又长期患病，体弱不堪。南越国自立国以后，可以说素无战事，算得上战争的一次，是赵佗称帝时，吕后派隆虑侯周灶、博阳侯陈濞前来征讨，但汉朝大军连南越边界都未能踏入半步。其他的零星争斗，如赵佗攻打长沙国、以兵威边等，都是南越国在欺负别的小国。由此看来，作为赵佗孙子的赵胡，南越王室的第三代，一个温室里的病痨子，极可能压根就想象不出战争是什么样子，甚至可能连跃马扬鞭这样的行为都没有过，既无血性豪情又糊里糊涂，在他当上南越王不到两年，便遇上了被邻国侵犯这样的棘手问题，也真是难为他了。

既然闽越国已经发起战争，那么南越国无论如何都得应对，是直面还击还是迂回拖延，都必须尽快拿出决策。赵胡思来想去，顾虑到自己王位未稳，国内民心涣散，很不情愿应战，然而丞相吕嘉和大臣们都纷纷主张“出兵击之”，务必给闽越迎头痛击，否则南越声威扫地，别的邻属小国纷纷效仿，敢于侵犯的就不是一个闽越了。赵胡始终举棋不定，怎么也下不了决心，犹犹豫豫之中，竟然想出一个借兵之计，自以为妙策，不顾吕嘉等人劝阻，径自上书朝廷，称“两越俱为藩臣，毋得擅兴兵相攻击。今闽越兴兵侵臣，臣不敢兴兵，唯天子诏之”。（《史记·南越列传》）

赵胡在奏章中说得漂亮，说南越和闽越都是汉朝的藩属国，本来不应该相互攻击，现在闽越却来侵犯南越，我不敢擅自还击，因而请示朝廷，听取天子的诏令行事。在此，赵胡一边指责闽越背信弃义，一边又大表忠心，表示自己忠于臣属之职，唯皇帝的诏令是从，皇帝说可以还击他才还击。实际上是把难题推出去，他认为这样一来朝廷就不可能不管，一定会勒令闽越退兵甚至派兵来征讨，此计“不必一兵一卒，只需一书一帛”便可御敌。然而赵胡没能想到的是，他这样做虽然有可能不用与闽越兵戎相见，但等于拱手将对闽越的控制权让了出去。吕嘉虽然看得到这一点，力劝赵胡“南越事南越了”，只有自强才可以立国，如果遇事只想着倚重于他人，南越将岌岌可危矣。奈何赵胡胆小怕事，固执求援，把祖父临终时要他“凡事不决，概问丞相”的嘱咐完全抛到了脑后。

这个时候的汉朝皇帝，正是中国历史上著名的一代“雄主”汉武帝刘彻，他是西汉的第七位皇帝，于公元前141年继位，登基时年仅16岁。汉武帝执政后，为强化中央集权，在郡县制的基础上颁布了“推恩令”，以“广布恩惠”的名义进一步削弱了诸侯的权力，同时设立刺史监察地方；在思想文化上，采取董仲舒“罢黜百家，独尊儒术”的建议，创立了专门的儒学教育机构——太学，又鼓励藏书，推广音乐，勘测地理，订立历法，开放提拔人才；在经济上，承袭休养生息等政策，同时改革币制，实行盐铁官营、均输平准等措施，直接经营运输和贸易；在军事上，大破匈奴，远征大宛，降服西域，收复南越，吞并朝鲜，设置西域使者校尉，使西汉版图东抵日本海、南吞交趾、西逾葱岭、北达阴山。此外，汉武帝还开拓西域和海外，开辟了丝绸之路和航海线路，等等。《汉书》中对汉武帝如此评价：“孝武初立，卓然罢黜百家，表章六经，遂畴咨海内，举其俊茂，与之立功。兴太学，修郊祀，改正朔，定历数，协音律，作诗乐，建封禅，礼百神，绍周后，号令文章，焕焉可述，后嗣得遵洪业，而有三代之风。如武帝之雄才大略，不改文景之恭俭以济斯民，虽诗书所称，何有加焉。”

汉武帝开创了西汉王朝最为鼎盛繁荣的时期，缔造出中国封建王朝第一个发展高峰，在历史上声名直追秦始皇，被并称为“秦皇汉武”。也正是这位汉武帝，最终平定了南越国，使赵佗苦心经营、维持了93年之久的岭南王国灰飞烟灭。赵佗去世、赵胡继任南越王之时，汉武帝刚刚即位四年，其时他方才从祖母窦太后手中接过朝政，正在大力推行养生息民政策，酝酿进一步削弱诸侯的势力。赵胡请求朝廷压制闽越的来信，使汉武帝似乎看到了一个送上来的机缘，他对赵胡大加赞扬，说其深明太义，忠于职守，遵循盟约，同时果断派遣大将王恢、韩安国各率一支军队，自豫章、会稽两路而出，以南北夹攻之势，讨伐闽越。

王恢和韩安国，一个是长期镇守边关的名将，一个是著名的辩士和谋士，他们在后来打击匈奴的战局中一个主战，一个主和，均起到了安定的作用。汉武帝派这两人领军出征，大概也有又打又劝、恩威并施的用意，而闽越国这边，之前还以为只是自己与南越的私下争斗，意想不到朝廷竟然会发兵干预，一下子乱了手脚，惶恐争吵之下内讧顿起。驺郢得知汉军前来，不愿屈服，调集兵力到关城防守，预备一战。驺郢的弟弟馀善，却害怕汉兵强大，绝非所敌，即使一时侥幸得胜，朝廷的兵马只会越来越多，闽越终将会被彻底消灭。兄弟俩争执不下，毕竟驺郢才是闽越王，馀善不敢当面强争下去，于是私下召集宗族长老商议，把责任全部推到兄长身上，说驺郢擅自发兵攻打南越，致使皇帝派兵来讨伐，惹来危险，如果杀掉驺郢报于朝廷，则还救国有望，否则可能要被灭国而亡命入海。宗族众人胆小怕事，被馀善一怂恿，都赞同他除去驺郢的解决方法。馀善随即怀揣短矛去见驺郢，突然发难将其杀死，斩下首级，派人送到王恢的帐前，向汉武帝谢罪，“使使奉王头驰报天子”。馀善的凶残毒辣、无情无义和见风使舵的本性，在此可见一斑。那时候，王恢和韩安国率领的讨伐汉军，还没有越过南岭，不战而还。随后，汉武帝改立无诸之孙繇君丑为越繇王，又立馀善为东越王，从此闽越国一分为二，越繇王、东越王并存，算是被汉武帝趁机将实力瓦解了。馀善原本以为杀掉兄长献功，自己就可以当上闽越王，没料到汉武帝棋高一着，差点竹篮打水一场空，本来汉武帝只立了越繇王，馀善不服，拒不承认越繇王，汉武帝才又立了他为东越王。

赵胡虽然以“不损己之兵”而退了来犯之敌，但也导致南越国彻底丧失了对闽越国的役属地位，实际上被抽离和孤立了起来，并由此而落入了汉武帝的圈套。王恢、韩安国退兵还朝时，汉武帝指令王恢的部属鄱阳令唐蒙，到南越国传谕，让南越王就汉军帮助退闽越一事入朝谢恩。赵胡接到诏谕，有些不知所措，征求臣僚们的意见，吕嘉等人认为应该不会只是谢恩那么简单，最好不要前往。于是赵胡采取了拖延的方法，派人先行上书进贡，称南越有很多事情需要处理，稍后会亲自奉诏入朝。汉武帝见此，如何肯轻易罢休，再次派中大夫严助到南越国传诏，强调赵胡面对闽越入侵，懂得请示朝廷、忠于臣属的功劳，要面对面嘉奖，又说既然朝廷出面平息了这件事，作为属国国君，理应亲身上朝谢恩，给别的诸侯国树立一个典范。

这位来南越国传诏的严助，并非一般人物，他是会稽吴县（今江苏苏州）人，因卓有才能而被举荐入朝，任为中大夫，是汉武帝开放选拔人才后脱颖而出的一个佼佼者。严助富有文采，是辞赋方面的大家，著有《相儿经》《严助赋》等辞赋35篇。他又以能言善辩著称，曾“与大臣辩论，中外相应以义理之文，大臣数诎”（《汉书·严朱吾丘主父徐严终王贾传》）。先前，闽越派兵攻打东瓯，东瓯向朝廷求援，正是严助奉汉武帝诏令到会稽调兵，吓退闽越。此次闽越又攻南越，汉武帝自然又想到严助，不过这一次不是调兵而是调王。出发前，汉武帝暗下密诏，要严助务必说服赵胡入朝，以便实施对南越的进一步控制。

严助重任在身，不敢怠慢，到南越后，巧舌如簧，极力游说赵胡应该奉行臣属之仪，亲自面圣谢恩。赵胡如何抵挡得住严助的唇枪舌剑，听后连连顿首，表示“天子乃为臣兴兵讨闽越，死无以报德”，但又想起祖父“不要入朝面圣”的遗训，便以南越刚被侵扰，须做些善后事宜才能成行，请严大夫先行回去复命。然而严助并不肯走，继续游说，坚称皇帝诏令要南越王随同使臣一起入朝。赵胡不敢公然拒绝，又感觉到有些不妙，情急之下，只好说自己身体多病，经不住舟车劳顿，一时间走不了，可以先让太子婴齐随使者回去，为皇帝担任贴身护卫，而他一旦病情有所好转，即刻赴京城晋见天子。严助见此，不便再作强求，只能带着太子婴齐返回长安。

严助走后，赵胡心乱如麻，知道太子此去必定会被当作人质扣留在朝廷，除非自己真的随后去面见皇帝，否则不知什么时候能够被放回。于是召集群臣商议是否应当择日入朝，以吕嘉为首的大臣们纷纷反对，说汉朝讨伐闽越，对南越也是一个警告，先王生前就说过对天子虽不可失礼，但最好不要入见，“入见则不得复归，亡国之势也”。又说太子虽然可能会由此被当作人质，但只要南越不公然造反，就能保障其人身安全，王国亦无恙，而如果换了南越王被质押，王国就可能被控制蚕食，两者权衡前者较轻。赵胡听了大臣们的劝谏，幡然醒悟，于是上表继续称病，拒绝前往长安。自此之后，赵胡一直以生病为借口，始终不肯入朝，汉武帝以牙还牙，也以种种借口不肯将太子婴齐放回。赵佗临终前的遗训，至此算是应验了。

面目既已昭然若揭，赵胡当然不会再顾及什么“诸侯入朝之约”，无论如何都不肯离开岭南。然而又由于自己之前的疏忽，将太子婴齐交给严助带往长安，导致其被当作人质不得返还，赵胡郁郁寡欢，萎靡不振，再也无心理会政事，丞相吕嘉等人以国家基业为重，屡屡进谏，但赵胡始终精神颓废，碌碌无为，致使国力委顿，江河日下，南越国由此走向了衰落。赵胡勉强支撑了十余年，国事并无任何起色，渐渐显得积弱难返，而他个人病情也逐渐加重，终于抑郁而终，死后谥为“文王”。赵胡在位16年，于国家地方并无什么建树，且因为他的无能，南越国走上了不可挽回的衰亡之途，这16年是南越国由盛转衰的反向转折时期，正是他一手将南越推向了孤立窘迫的境地，也为后来的内乱乃至最终灭亡种下了祸根。

就在赵胡病重弥留之际，老谋深算的丞相吕嘉，在悲伤失望之余，并未忘记自己的职责，他觉得这正是太子婴齐逃离朝廷的时机，于是暗中使人前往长安，密嘱太子婴齐以父亲病危为由向皇帝请求返回南越探望。汉武帝接到婴齐奏请，基于人伦之义，没有理由拒绝，只好准予归还。由此，被充当宫廷侍卫羁留长安12年之久的南越国太子婴齐，终于得以脱离人质生涯。回国不久，赵胡病逝，婴齐继承王位，成为第三代南越王，时为公元前122年。

内乱之前

南越第三主赵婴齐，生年不详，只知道他于公元前122年继位，公元前113年去世，在位约10年，谥号“明王”。或许《史记》《汉书》等史籍修纂者认为第三代之后的南越王已无关紧要了，仅仅是信笔带过，记载得最多的反而是丞相吕嘉。吕嘉是南越国后期的中流砥柱，也是彻底将南越国送上末路的悲情人物。可能是曾经长期作为人质被扣留在朝廷的原因，也可能是在被质扣期间吃了不少苦头，婴齐对汉王朝非常惧怕，总是担心被汉武帝抓住把柄，继位之初，当即将曾祖父赵佗、父亲赵胡生前称帝的印玺藏起来，后来甚至带进了他的陵墓。赵佗曾公然称“南越武帝”，赵胡亦私下称“南越文帝”，均有印玺。三国时期，孙权派人到广州寻找赵佗墓，赵佗墓找不着，却意外掘开婴齐的墓，挖出了一批珍宝，其中包括“金印三十，一皇帝信玺，一皇帝行玺”。

事实上，西汉的历任皇帝，从来就没有熄灭过清除南越的想法，汉朝的文臣武将，也从未停止过对南越国的图谋侦察。早在汉文帝时，针对赵佗称帝，将军陈武就上书提出以武力将南越彻底扫平，但其时刚刚铲除吕氏一党，经济不稳，兵力不足，因此文帝暂时推行劝谕臣服的策略，专注于国力的增长。文帝在位24年后去世，景帝刘启继位，在位16年，励精图治，休养生息，终于出现了国家富足、百姓安康、社会稳定的盛世景象。或许因为操劳国事，鞠躬尽瘁，文帝和景帝均英年早逝，享年分别是46岁和47岁，历史上把这两位皇帝共同治理的40年，称为“文景之治”。

公元前141年，汉武帝刘彻即位。经过“文景之治”之后的西汉王朝，国力与之前自是不可同日而语，可谓国库充盈，兵强马壮，已具备挟制诸侯的条件和能力。因此，汉武帝一边对内继续推行休养生息，一边对外颁布行使推恩令。所谓“推恩令”，就是允许诸侯王以推“私恩”的方式分割自己王国内的土地，自封王侯，嫡长子继承王位，其他子弟也可以分得部分土地为列侯。这确实是一个非常高明的策令，表面推恩，实则分化，由此瓦解诸侯王势力，使中央王权更趋巩固，将闽越分为越繇和东越便是显著一例。推恩令的颁布，标志着汉武帝清扫诸侯行动的展开，他的计划，不单纯针对南方的南越、闽越，还包括北方的匈奴、东部的朝鲜、西南面的夷族等。

凭借政治上的稳定、经济上的繁荣、军事上的强大，汉武帝展开了用武力解决外部势力的战略部署。最先发现南越国防御缺口的是曾随大将王恢讨伐闽越的鄱阳令唐蒙，其时他受命到南越国向赵胡传谕，不免乘机在番禺城内吃吃喝喝。有一次他在街市闲逛，吃到一种特别美味的枸酱，之前并未见过，以为是南越地方特产，出于好奇而向店家打听，却被告知这并不是本地生产的食品，而是由蜀中出产的枸酱，称蜀枸酱。唐蒙好奇心膨胀，继续追问说蜀中和番禺相隔遥远，崇山峻岭，道路不通，枸酱是怎么运过来的呢？店家说，南越国与夜郎国相邻，有商贸往来，枸酱是由夜郎国通过牂牁江（今北盘江，注入红水河）转运过来的。

所谓枸酱，就是用枸树果实做的酱，跟桑树的果实即桑椹近似，别称蒟酱。唐代颜师古在《汉书注》中引用东汉刘德描述："枸树如桑，其椹长二三寸，味酢。取其实以为酱，美。蜀人以为珍味。"西晋左思在《蜀都赋》说："蒟酱流味于番禺之乡。"从中可知枸酱不但为蜀人喜欢而制作食用，流入到南越后也备受推崇，视为美味珍品。唐蒙既已得知枸酱是由蜀中经夜郎再转南越，便留上了心，回到长安后，特意去请教蜀地在京都营商的商人，商人说，只有蜀中出产枸酱，有很多偷偷卖到夜郎国。夜郎国靠着牂牁江，江面很宽，可以行驶大船，直通番禺，枸酱就是由这条水路运送过去的。

由此，唐蒙于有意无意之间，发现了由西蜀到夜郎、再从牂牁江沿水路直达番禺的通道。出于军事上的敏感，唐蒙当即上书汉武帝，称从长沙、豫章往南越的水道，阻绝难行，而从夜郎沿牂牁江直下，可出其不意，"此制越一奇也"，又称"诚以汉之强，巴蜀之饶，通夜郎道，为置吏，易甚"（《史记·西南夷列传》）。大意是说以汉朝的强大和巴蜀的丰饶，如果先招抚夜郎国使其归顺，在那里设置郡县，开通道路，派驻官吏，既可打开另一条意想不到的途径，需要时还可就近调动夜郎的兵马，到时要征服南越，就很容易了。汉武帝见到唐蒙的奏书，大喜过望，当即拜唐蒙为中郎将，领兵千人，带着许多锦缎丝绸等一应财物，前往夜郎国进行招抚。

夜郎国跨越滇、川、贵地区，在西南夷众多国家中属国土最辽阔和实力最强大的，《史记·西南夷列传》称："西南夷君长以什数，夜郎最大。”但夜郎素与外界隔绝，闭塞不通，孤陋寡闻，对外邦他国不明所以，大概只是由于与南越国毗邻而素有往来，并在赵佗称帝时受财物收买而依附南越国。此时的夜郎国君主，名叫多同，约为第21代夜郎王，他原是一个部族的酋长，世居夜郎，统制20多个部落小国，可调动兵力10余万人，算得上是独霸一方，由此骄狂自得，不知所以然。这个时期的夜郎国国都，大概位于今贵州的西北部，具体位置已不可考。有说法称夜郎的国都曾几度变换，并且没有形成城市，只是较大的村寨，文献上称为“邑聚”。夜郎王又称“竹王”，据《彝族源流》（贵州民族出版社2005年版）一书记载，夜郎国王位传24代，第一代竹王夜拉杂，又名武夜郎，是彝族武氏一支，居住在夜拉纪勾，即今云南宣威革香河流域的夜街，夜街就是夜郎国最早的国都。又据《夜郎史传》（贵州人民出版社2005年版）记载，第12代竹王鄂鲁默将国都迁至可乐（今贵州赫章县内）。

唐蒙从长安出发，先抵西蜀，再由川黔交界的巴符关进入，一路来到夜郎国都。多同从未接待过来使，也从未离开国土半步，惯于坐井观天，因此他根本就不知道外面的世界有多么辽阔精彩，会见唐蒙时，竟天真地问：“汉朝与我国谁大？”引来一个后世津津乐道的“夜郎自大”故事。唐蒙哭笑不得，又觉得正是话题切入的可乘之机，于是滔滔不绝地向多同讲述汉朝如何地大物博，强盛富饶，讲述汉人如何衣食充足，生活丰富，又把五光十色的锦缎珠宝等财物一一置于帐前，多同眼花缭乱，瞠目结舌，不假思索地与唐蒙订下盟约，臣服于汉，表示如果有需要可以听从调遣。

为说服夜郎归汉，唐蒙带来了很多预备赏赐的财物，又以汉朝的武威恩德进行引导，并明确表示朝廷许诺仍封多同为夜郎王，封多同的儿子为夜郎侯，此后可袭王位，其他得力部属也封给官职。夜郎国的依附小国从属松散，夜郎王归顺后，唐蒙又继续向周边展开游说，那些没见过什么世面的大小部族和部落小国，贪图汉朝的锦缎丝绸，被眼前之利蒙住了头脑，又抱着“山高皇帝远”的想法，认为即使归顺了汉朝也管不着，于是纷纷接过财物，愉快地立下盟约。唐蒙大功告成，回朝复命。随即，汉朝展开了“开西南夷道”的计划，以夜郎国为中心设置犍为郡，派驻官兵，调遣巴、蜀两地的兵士流民修筑道路，从僰道（在今四川宜宾）一直修到牂牁江畔，与水道相连，为接下来的“借兵伐越”埋下了时机。这条道路，就是从四川经贵州、广西、广东直至广州的“牂牁道”，又称“夜郎道”，也是后来形成的古代“南方丝绸之路”的重要组成部分。

除在西南地区开路架桥之外，汉武帝还在长安城西南面开凿了一个池周长为四十里的昆明池，建造楼船，训练水军，这一迹象表明即将发起一场浩大的水战，汉武帝也不遮掩讳言，直指防备南越国作反。而就在汉武帝不惜以冗长的铺垫谋兵布局之时，南越国也在发生着变化，只是这样的变化并非向外的应对防患，而是内部的局势动荡。第三代南越王赵婴齐，在长安担任宫廷侍卫时，娶邯郸女子樛氏为姬妾，生下儿子赵兴；而他之前在南越时已娶揭阳越女橙氏为正室，生下儿子赵建德。婴齐接任王位后，樛氏不断挑拨，要求婴齐立她为王后，立赵兴为太子。婴齐听信蛊惑，竟然不顾南越众多臣僚的反对，按樛氏意思向朝廷提出立赵兴为太子的奏请。这一舍长立幼、有违纲常的做法，在当时堪称昏聩荒唐，自然王室矛盾顿生，不光导致了赵建德、赵兴兄弟之间的直接摩擦，还致使以吕嘉为首的大臣们心怀埋怨失望，由此为接下来的南越国内乱乃至彻底覆灭埋下祸端。汉武帝当然对此洞若观火，但他假装不察，爽快地批准了婴齐的请求，准予立赵兴为太子，立樛氏为王后。其实，南越国立王后和太子，南越王自己去立就可以了，但婴齐为压制大臣们的反对，竟然搬来皇帝的诏令，这样也等于是主动放弃外诸侯王权力了。

汉武帝对南越国的布控，从文王赵胡的时候就开始了，第一步行动就是要求南越国使用中央法律，行事规矩参照内地的诸侯，南越王必须定期朝见天子。南越国是汉朝的藩属国，也就是外诸侯，有独立自主的权力，与汉朝直接分封的内诸侯是有区别的。汉武帝要求南越国参照内诸侯，用意不言而喻，就是试图将之由外属国转为内属国。赵佗生前，不仅自己从不入朝，还留下遗训要后代南越王不得入朝面圣；赵胡在位时，虽然本人屡屡称病拒不入朝，但不得不将太子送去，名为侍卫，实为人质；到明王婴齐继位，汉武帝依然故伎重演，数次派遣使者前来传谕，要求婴齐入朝晋见。但曾经被质留长安十数年的婴齐，对可能发生的后果清楚而痛切，又怎会轻易履行朝见之职，因此像其父一样，将生病的借口用到极致。事实上婴齐也没有撒谎，他确实是一个药石难愈的病痨子，几年之后，他真的病死了，时为公元前113年。不知为何，南越国的首位君主生命力无比强盛，百岁之后无疾而终，而第二、三位君主却体弱多病，相继早逝，这基因反差令人不解。在《汉书》的记载中，婴齐是一个荒淫的暴君，贪图享乐、喜欢杀生、自我放纵，“犹尚乐擅杀生自恣”。

继赵婴齐之后的第四位南越国君主，就是因废长立幼而成为太子的赵兴。赵兴，生年不详，但可以推测他其时年纪尚轻。按婴齐于长安12年，其间娶樛氏而生赵兴，回南越后在位约10年计，怎么说赵兴也还不到20岁。赵兴被推上王位，实际上有赖于其母樛氏背后策划，而樛氏也理所当然地成为王太后。这位来自中原的樛氏，在还没有嫁给赵婴齐的时候，曾与一个名叫安国少季的官吏私通，此事在长安有不少人知道。就在赵婴齐去世、赵兴继王位的这一年，汉武帝专门派安国少季为使者，又让辩士谏大夫终军、勇士魏臣随行，到南越国劝谕赵兴和樛太后入朝晋见天子，同时派卫将军路博德率军接应、屯兵桂阳等候消息，给南越造成非常明显的压力。此举可谓意味深长，由此亦可见汉武帝察事谋人，不拘一格而又面面俱到，势在必得。安国少季虽然算不上什么人物，但随行的副使文有辩士终军、武有勇士魏臣，《史记·南越列传》是这样说的：“令辩士谏大夫终军等宣其辞，勇士魏臣等辅其缺。”一个“宣其辞”，一个“辅其缺”，说明这两人才是去做事的，而安国少季被任用为正使，不过是因为他与樛太后有旧情。谏大夫终军，绝对是一个重量级的角色，他年轻时就熟习纵横之术，20多岁就被提升为太中大夫（陆贾出使南越成功也不过是被刘邦任为太中大夫），曾主动请求出使匈奴，这次出使南越，又是他主动请求的，并向汉武帝承诺“愿受长缨，必拘南越王而致之阙下”，由此缔造了一个汉语成语——“主动请缨”。勇士魏臣，史书中没有记载他是何等人物，但阅史可知汉朝曾派勇士担任西域都护，为西域最高军政长官，由此可见这个魏臣也非同一般。

赵兴继位时年纪尚轻，王太后樛氏屡屡代行权力，自作主张，遭到众多大臣反对。樛氏不过是汉女入越，人地生疏，缺乏根基。原本就对在樛氏煽动下立赵兴为太子乃至其登上王位感到痛心疾首又无可奈何的丞相吕嘉，再也无法忍受，利用他的声望和势力，极力排斥樛太后，控制了南越国的实权。然而吕嘉自从接受赵佗的邀请出任丞相，已经辅佐了三代南越王，几十年的时间过去了，他自己也进入了耄耋之年，老病交加，处处感到力不从心。对于汉朝使者的到来，吕嘉也懒得应付，干脆托病不见，听由樛太后与使者安国少季接洽。安国少季是灞陵（今陕西西安）人，复姓安国，他原本只是一个小官吏，籍籍无名，但因为多年前曾与樛氏有过私情，有人向汉武帝建议，故而被起用为使者出使他那已成为王太后的老情人的南越国，其中用意昭然若揭。安国少季虽然也算把计策推进得淋漓尽致，然而结果却一点也不美好，不光他自己就此一去不还，还拖累了辩士终军、勇士魏臣陪死，也把樛太后、赵兴带上绝路，更将南越国推入了不可挽回的绝境。

樛氏作为一个在中原出生成长的女子，只身来到格格不入的越地，本就孤独寂寞，丈夫又去世了，还面临着一片排斥反对，正是极度需要倾诉安慰的情感关口。不难想象，安国少季的到来，对樛太后会产生怎样的触动，总之，这两人一来二往，旧情复炽，竟然行起了苟且之事，甚至有些明目张胆，弄得王宫内外乌烟瘴气。在那个时候，普通男女私通已是有违伦常纲纪，王太后与外人私通，则有失国体，无异于弥天大罪。虽然由于当时上层权势的混乱，并没有人出来公然指责和要求治罪，但樛太后的颜面形象一落千丈，形成了“国人颇知之，多不附太后”的不利局面。

樛太后眼见自己不得民心，很是担忧，唯恐日久生变，便想依靠汉朝廷的力量来保全自己和赵兴，于是抓住汉朝专门针对诸侯的“入朝令”作文章，说前两代的南越王都托病而没有入朝，现在新王继位，再不入朝，恐怕天子就要怪罪了，连大军都开到桂阳了，以此力劝赵兴及群臣向汉武帝请求内属，“请比内诸侯，三岁一朝，除边关”，即请求按照内诸侯的规制，三年朝见天子一次，撤除边境的关防。赵兴唯樛太后之言是从，一些胆小怕事的大臣也跟着附和，于是也不管吕嘉等人同不同意，径自派人将奏章呈上朝廷。说是“求内属”，其实就是顺应汉武帝的意思。汉武帝接到赵兴的上书，大为高兴，或者说正中下怀，以雷厉之风传谕天下，恩准南越国内属，南越王世袭王位，授予吕嘉丞相银印，又授予内史、中尉、太傅等高级官员印信，吕嘉兼任太傅，其余官员职位由南越王自行任免。同时颁布诏令，要求南越国推行汉朝法律，改变旧俗，“除其故黥、劓刑，用汉法，比内诸侯”。这样，等于是南越国主动放弃外诸侯的独立地位，变成汉王朝真正的内属国，其高级官员也由汉朝廷予以任命，此后也必须遵照汉朝的法规制度进行管理。

樛太后和赵兴接到汉武帝诏旨，自是喜不自胜，因为这样就可以削弱吕嘉等权臣的实权，保赵氏王室以周全，王位稳固。然而，吕嘉和群臣们可不是这么看的，他们觉得樛氏和赵兴母子此举，无疑葬送了南越国数十年的基业，与亡国无异，一时惊愕莫名，上下震怒。尤其是丞相吕嘉，他从南越立国没有多久即担任丞相，亲见南越国在岭南一步一步崛起强大，又亲见赵佗如何在汉朝的钳制之下连续周旋而终保独立完整，实在不甘心在自己的垂暮之年，看着南越国改弦易辙，走向毁灭。他几次进谏，赵兴都充耳不闻，一意孤行，反而兴冲冲地收拾行装，准备入朝面见天子谢恩。吕嘉绝望之下，只好依仗自己的影响力，采取暗中对抗的办法，托称年老体衰，疾病缠身，拒不上朝，也不去见汉朝使者，软磨硬抗。而没有吕嘉的首肯，其他官员都持观望的态度，致使赵氏母子一时无法成行，内属之举也就暂时被搁置起来。

最后的覆灭

吕嘉是南越立国以后越人参政的第一人，并且一开始就被立为丞相，清代梁廷枏《南越五主传》中引用了已散佚的《粤记》一书的记载，说他“本越人之雄，佗因越人之所服而相之，而南越以治”。指他本来就是越人中的杰出人物，深得越人信服，赵佗因此拜他为丞相，于是南越的治理得以顺利展开。说明吕嘉对南越国早期的稳定发展起到了关键作用，至少在“和辑百越”方面居功至大，实为赵佗之下的不二之臣。吕嘉，生年不详，原本是西瓯族的一个酋长，在各部族中都享有较高的声望，但他具体什么时候接受赵佗的邀请来番禺为官？又从何时起担任南越国的丞相？史书中并没有提及，只能认为其时他应该还很年轻，否则以他活到了南越国最后灭亡这一时间跨度来推测，岂不是活得很长很长，并且吕嘉还不是年老死亡而是亡国后被汉武帝处死的，因而不能不说吕嘉也是一位生命力极其强盛的人物。总之，他是南越国第一位丞相也是唯一的一位丞相，数十年过去，不但南越国的开拓雄主早就魂归天国，接下来的两代南越王也已驾鹤西去，而他还始终在丞相位置上呕心沥血。

吕嘉不但有南越国中无人可及的政治资历，德高望重，而且地位显要，势力庞大，他本人在相位上屹然不动，他的弟弟则长期为将执掌兵权，并且宗亲族人居官出仕者层出不穷，又与苍梧秦王赵光有亲戚关系，可谓树大根深，枝繁叶盛，摇动一下地面都要抖三抖。进入第四代南越王赵兴这一阶段，吕嘉的人脉威望已发展到“宗族官仕为长吏者七十余人，男尽尚王女，女尽嫁王子兄弟宗室，及苍梧秦王有连。其居国中甚重，越人信之，多为耳目者，得众心愈于王”（《史记·南越列传》）的地步，也就是说他的权力势力及影响力已经超过了南越王，南越国的大事小事都得看他的态度作决断。

可想而知，在南越国权倾上下的吕嘉，断然不会听任内属之事顺利发展，因为那样一来，不仅南越国将失去政治、经济、军事的自主权，等同于名存实亡，他自己的丞相地位也会大打折扣，之前南越国的丞相是由南越王直接任命的，可以参与处理军国大事，而内属后丞相等重要官职则由汉皇帝任命，权力职能也截然不同，只能辅佐君王而不能参与国政，“王国置太傅、相、中尉各一人，……相、中尉、傅不得与国政，辅王而已”（《汉官仪》）。退一步说，南越国一旦归于内属，赵兴当然可以依旧做他的南越王，赵氏王室仍在，这对无能力又无志向的赵兴来说可能并无损失，但官员们的处境就大为不同了，尤其是吕嘉，恐怕他的宗族、亲戚地位利益难保，此后还会被刻意削弱权势，甚至可能招致杀身、株连之祸。

面对这位根深蒂固、内外所向、民心归属的三朝重臣，不，应该是四朝重臣了，在年少懵懂时坐上王位的赵兴和以微薄根基试图掌权的樛太后，又如何能够轻易将之撼动？唯一的办法似乎就是极力拉拢，寻求支持，然而如果不放弃内属，又如何能与吕嘉达成共识？况且请求内属的奏书都呈上去了，汉武帝也作出了批复，已经不是可以自主放弃的了，左右为难，而汉朝廷方面更是得罪不起，唯有孤注一掷，无论如何都要让吕嘉表态同意。而吕嘉对南越国内属汉朝的反对和怠慢，也意味着樛氏母子的愿望无法实施，如果拖延下去，极有可能另生枝节，成为泡影，对赵兴一派的南越王室殊为不利。

本来，汉武帝批准内属的诏令已经下达，南越国的君王也已经接旨，就连一应官印都送来了，官员们纵使如何反对也于事无补，但吕嘉依仗特殊的地位和声望，就是不买汉朝使者的账，居然见都不见，一再托病不出。这让安国少季无比恼怒，便想以违抗朝廷命令的名义诛杀吕嘉，与樛太后商议，她也有清除吕嘉而扫开障碍之心，两人一拍即合。樛太后又询问赵兴的想法，说丞相总是借口生病，不理政事，对内属之事不响应，看来他是要反对到底了，这样下去很可能会发动叛乱，不如先下手为强，趁早除掉。赵兴虽然年轻懦弱，但毕竟是南越王，为国事大局着想，说丞相几十年来忠心辅佐，王国不可以失去他，将他逼上绝路，还是慢慢沟通说服为好，只要他肯回心转意，所有的官员都会赞成的。

樛太后见赵兴对吕嘉仍然抱有幻想，愈发觉得不妙，很担心拖下去连南越王都会放弃内属，那样真的就不可收场了。孤立无助之下，她只好又去找安国少季，要安国少季执行朝廷诏令，维持汉使尊严，否则完成不了出使的任务，让好不容易争取来的内属大事夭折，皇帝怪罪下来，谁都担当不起。安国少季自然也有这样的担心，又对吕嘉的态度做法极为不满，他不过是个莫名上位的使者，来南越仅仅一小段时间，自以为可以代表朝廷行使特权，根本就不知里面的水有多深。于是，经过一番密谋，一个欲置吕嘉及反对派于死地的“鸿门宴”计划形成了。

按照计划，樛太后以汉朝使者来南越为时日久为借口，设下隆重的宴席款待，邀请吕嘉及一干大臣共同赴宴，饮酒联欢，增进和气。宴席上，安国少季等汉使坐东朝西，南越王赵兴和樛太后南北对坐，吕嘉和众大臣则坐于西面。按那时的邦交礼节，北方指向朝廷，南方指向南越，樛太后竟然坐北，实有擅自代表朝廷之意，要不就是无知无畏。曾有好事的研究者称樛太后其实有另一重身份，是汉武帝自扣留婴齐为人质时就安插的奸细，可以认为是中国最早的“女间谍”，目的就是要让她跟婴齐来到南越刺探动静和行使离间计，因此这个樛氏才会那么胆大妄为、上蹿下跳地要求立王后、立太子、要内属直至要杀吕嘉，甚至敢于在邦交宴席上坐北面席位。这一说法当真有趣，天知道真假，权作边角料。

宾主坐定，准时开宴，一开始并无什么异样，然而酒过三巡之后，樛太后假装酒意上来，忽然起身质问吕嘉：“南越国内属，是有利于王国的大事，而丞相总是不赞成，到底是什么居心？”她想以这番话激起汉使和吕嘉的冲突，让汉使杀了吕嘉，这是她之前与安国少季商定好的，本来的步骤是，樛太后挑头，安国少季接茬，有必要再让辩士终军发挥一把，务必逼吕嘉对内属之事作出明确表态，如果拒不回应就以藐视对抗诏令而进行诛杀。但吕嘉显然也早有防备，他当然知道这一场宴席不会是单纯与汉使联谊那么简单，对樛太后的突然发难，明白断断不可回答，既不能公然反对，又不能表示赞成，干脆不理不睬，假装老年痴呆，就是不发一言。樛太后等着汉使随之质问，好进一步胁迫吕嘉，然后拔刀相向。但是由于吕嘉的弟弟是手握兵权的将军，掌管都城王室保卫，不仅亲自护送兄长前来，还带兵守候在外面，这一情况完全超乎汉使团的意料。安国少季心中胆怯，犹豫不决，不知如何接茬，那位在汉武帝面前夸下海口要用长缨将南越王绑到京师的辩士终军，关键时刻竟一言不发，就连以武职出任副使的所谓勇士魏臣，竟然也做了缩头乌龟，其他随从使者更是面面相觑，各支眼色，无人敢于出头，更不用说动手了。气氛一时陷入紧张而停滞，吕嘉见势不妙，起身就走，樛太后眼看计策失败，恼羞成怒，竟扯过一旁兵士的长矛要掷向吕嘉，赵兴见状连忙上前阻拦，吕嘉趁机跑了出去，在他弟弟的保护下跑掉了。

吕嘉侥幸逃脱，忧愤交加，回家后当即闭门托病，让他的弟弟派兵守卫，不肯出来见南越王，更不肯见汉朝使者。吕嘉明白赵兴一向没有除掉他的意思，设“鸿门宴”想杀他不过是太后和汉使的主意，而他终究是忠于南越国的，因此数月过去都没有采取反击行动。樛太后想继续诛杀吕嘉，奈何势单力薄再也无法进行，并且她淫乱王宫的行为又令国人不耻，南越官民对她多有指责埋怨。吕嘉在家中坐立不安，思前想后，深感自己已经为当前的赵氏王室所不容，汉朝廷也不可能坐视不理，虽然赵兴暂时狠不下心杀他，但樛太后无论如何都不会善罢甘休，接下来已是无路可走。到了这个地步，吕嘉只能招揽一些交往密切而又反对内属的大臣，暗中谋划，伺机发动政变。至此，南越国内部危机四伏，剑拔弩张，动乱已处在不可避免之势，一触即发。

汉武帝得知樛太后和安国少季设置的“鸿门宴”功亏一篑，逼得吕嘉将要造反，十分不满，责怪汉使临阵胆怯，当决不决，殆失良机。又认为南越王和樛太后既然已经与朝廷一条心，只有吕嘉以丞相之力犯上作乱，不足为患，不必过于劳师动众，决定再派大臣庄参带两千人马去南越解决吕嘉的问题。但庄参接到皇帝诏令，竟然陈辞推托，说若是去跟吕嘉谈和，几个人就够了，如果是准备去动武，区区两千人无济于事。汉武帝一怒之下罢免了庄参。这时，曾任济北相的郏地（今河南郏县）壮士韩千秋挺身而出，自告奋勇道：“这么一个小小的南越，又有南越王和太后做内应，只是吕嘉一个人为害，我带二百个勇士去，一定拿吕嘉的头颅回报。”汉武帝大喜，于是改派韩千秋和樛太后的弟弟樛乐，率领两千人前往南越。事实证明强行出头妄自表现是会死人的，韩千秋不仅自己丧身南越，还搭上了樛乐的性命。

吕嘉打探到汉武帝派兵前来，知道与汉朝的正面交锋已不可避免，决定先发制人，当即发出布告，通晓南越军民，公开宣告反叛，布告中称：大王年轻，太后是中原人，与汉使有奸情，一心要内属汉朝，想把南越国的珍宝大肆献给汉天子以求恩宠，把南越百姓带过去卖作奴仆，出于自己的一时之利而完全不顾本国社稷，与卖国无异，为南越千秋万世考虑，必须发动政变。这篇布告加重了南越军民对樛太后的反感，倒戈之声占据了上风，吕嘉迅速指令他执掌兵权的弟弟调兵遣将，包围并杀入王宫，将赵兴、樛太后、安国少季等人一网打尽，尽行杀死。随后，吕嘉派人通告苍梧王赵光及南越国属下各郡县官员，再次强调此举实际是“为万世虑之意”，并非他个人要反叛，也不是要反赵氏王室，并立赵婴齐和越妻橙氏所生的长子、术阳侯赵建德为南越王。时为公元前112年，赵兴继承王位不过一年左右，落下一个不明不白的卖国伏诛罪名。赵建德成为第五位南越王，也是最后一位南越王。

赵建德，生年不详，卒于公元前111年，他本来是第三代南越王赵婴齐的长子，但却没有按常理被立为太子，更没有在父王逝世后继承王位，而是在同父异母的弟弟赵兴登上王位后仅被改封为术阳侯，在此之前，他就被赵婴齐封为高昌侯了。随后南越国内乱加剧，吕嘉杀掉赵兴，将赵建德匆忙推上王位，他在位时间极短，也未掌握过任何实权，实际上也已经没有什么实权可掌握，反而在南越国的风雨飘摇中承担了最后的罪名，沦为亡国之君。番禺城被攻破后，赵建德一路逃亡，遁入苍茫的大海，终被汉军擒获，押送长安继而被处死，死后还遭受凌辱，头颅被割下悬挂于长安北面城头，意在向北方的匈奴示威。

就在南越国内部动乱、边防空虚之隙，韩千秋、樛乐率领两千人马，逾越南岭，轻松攻下了几个边境小邑。吕嘉政变成功，另立新君，回过神来应对已经入境的讨伐汉军，当他得知对方仅有两千人时，不由得暗暗发笑，又有些恼火，想不到汉朝竟然如此轻视自己，决定给予一个下马威，便设下诱敌深入之计，命令南越军队佯装不敢抵抗，非但不打还主动退让示好，给汉军提供饮食。韩千秋急于立功表现，樛乐又忧心其姐樛太后，两人都不假思索，全然不知是计，急行冒进，当他们率军来到离番禺还有40里的地方，突然被吕嘉布下的伏兵四面突击，两千汉兵连同带队将领，猝不及防，难以应战，被杀得片甲不留，无一生还。

吕嘉首战大捷，得意扬扬，居然做出了一个表面上是谢罪，实则带有挑衅的举动，他写了一封“好为谩辞谢罪”的信，也就是写一些好听的哄骗的话语假作谢罪，又将汉朝使者的符节用木匣装好，连同书信一同封上，放置于边界要害之处，派兵看护，有意让汉兵发现，真不知是什么操作。

汉武帝得知韩千秋、樛乐全军覆没，大为震惊，并接报说吕嘉将汉使者的出使符节放到边关，大有警示汉朝不要再来人之意，惊怒交加。他一方面意识到南越国确有不可小觑的实力，又素来对汉朝廷阳奉阴违，万万不能容留下去，必须尽早铲除；一方面召集群臣商议有效的征讨策略。为安定人心，鼓舞斗志，他高度赞扬韩千秋和樛乐，表彰韩千秋的自告奋勇“虽然没有成功，但也当得起军人的先锋之冠了”，又抚恤二人的亲属，封韩千秋的儿子韩延年为成安侯，封樛乐的儿子樛广德为龙亢侯。随即，汉武帝严正下达扫平南越的诏令，调集大军共十万人，分五路进发岭南。

这一次的出军，汉武帝已彻底收起轻敌怠慢之心，事先与谋臣大将制定了周密详细的计划，按照部署，这五路大军：第一路，以屯兵桂阳的符离侯、卫尉路博德为伏波将军，率军由桂阳下湟水，入连州，直抵番禺；第二路，以主爵都尉杨仆为楼船将军，从豫章郡下横浦关，入南雄，直捣番禺。这两路大军分别从湖南、江西入境，均由陆路转取北江水路行进，两军共计六万人，是攻打南越的主力；第三路、第四路以郑严、田甲为戈船将军和下厉将军，从湖南零陵出发，一路下漓水，一路下贺水，然后沿西江而下，扑向番禺；第五路以何遗率领巴蜀罪人及夜郎军队下牂牁江，转下西江，会于番禺。何遗以什么职位领军出征，史书中并无提及，从他得以受命率领五路大军的其中一路来看，至少应该也是个将军头衔。值得提起的是，这次出军，有相当一部分是降汉的越人兵将，如后三路领军将领郑严、田甲、何遗，均是被汉武帝起用的降汉越将，他们所带的兵士也多是越人旧部，《汉书·西南夷两粤朝鲜传》记述为“令粤人及江淮以南楼船十万师往讨之”。

由起初仅派出两千兵马转而集十万大军分五路征讨南越，如此大相径庭及大动干戈，汉武帝已是下定最后的决心，绝不再给南越喘息之机，势必扫平清除，不留后患。就在此时，南越国东面由原闽越国分出的东越王馀善，见汉朝大军前来，借机讨好汉朝廷，或许也想趁势捞一把，主动上书请求发兵八千人从海上协助攻击南越。这样一来，五路大军就变成了六路。汉武帝大喜，回书馀善让他即刻起兵。

汉朝大军开始攻打南越的时间，是公元前112年的秋天。这场战争殊为激烈，吕嘉率领南越国将士，凭借南岭的天险及严密的布防，进行顽强的阻击，双方展开了持久不下的拉锯战。战争在边境线上持续了一年，第二年冬天，楼船将军杨仆终于率先打破缺口，逾越南岭破横浦关而入，驾驶楼船沿北江直下，接着攻陷寻峡（今清远飞来峡，又名中宿峡），继而攻破番禺城北的重要关隘石门，并由此掳获了大批南越军的战船粮草，使汉军的给养得到了充分的补充。石门是番禺城依仗的最后一道天险，破了石门，就等于破了番禺城的守势，可以说汉军已胜券在握。杨仆乘势率军向前推进，然后在番禺城外围扎营，等候伏波将军路博德的到来。

杨仆作为一个在后世备受称道与争议的“楼船将军”，正是在这一场战役中脱颖而出，他早前就受命在长安城西南面凿昆明池训练水师，建造楼船，已然作好了一切准备。杨仆其人，以严酷闻名，他原先是一名极度严厉的御史，监督外史，治大狱，讨奸滑，曾在关东督剿盗贼，所行手段令人闻风丧胆，《汉书》将他列为“酷吏”。他是汉武帝扫平南越的第一功臣，但又被指过于凶狠残暴，滥杀无辜，历史上对此评价不一，褒贬有之，如太史公司马迁指责他“楼船纵欲，怠傲失惑”，唐朝诗人杜甫却称赞他“卫青开幕府，杨仆将楼船”。

再说伏波将军路博德，他是汉武帝时期数一数二的大将，曾任右北平（今内蒙古宁城一带）太守，跟随霍去病北征匈奴，立下战功，被封为符离侯，兼任卫尉。路博德从安国少季前往南越国宣诏内属时就率军驻扎于边境，原本就是待命进攻的主力，也是南越方面较为忌惮而防备最严密的一支敌军。因此，路博德被南越守军死死牵制，久攻无效，伤亡惨重，又带着一众被赦的预备留置南越的罪人，进军缓慢，直到杨仆这边取得了先机，南越连线关防受挫，他才终于突破湟溪关而入，一路进发，到达番禺城外围时只剩下一千多人的残余兵力。好在杨仆率领的第二路大军战斗力并未削弱，又截获了南越的战船粮草，补充了给养，两军会师，整编队伍，合力向番禺城发起进攻，杨仆的楼船部队在前，先抵番禺城下，驻扎于城东南；路博德的步马部队在后，扎营在城西北。

番禺城依山面水，从秦朝后期开始，至西汉元鼎时期，历经任嚣、赵佗、吕嘉的多次扩建修筑，城高墙厚，城河围护，易守难攻，汉军虽在城外形成了合围之势，但赵建德、吕嘉固守不出，因而进攻多日，仍然没有半点进展。就在汉军一筹莫展之际，有谋士向杨仆献计，说需用火攻，方可破城。此计极为毒辣，完全不考虑后果，致使已有百年基业的番禺城毁于一旦。杨仆也是个狠人，依计行事，是日黄昏，号令将士聚集柴草，纵火烧城，火借风势，越烧越旺，很快就烧上城楼，蔓延入城，霎时城内火光一片，南越守军终于乱了阵脚，伏波将军路博德趁机带领步马军兵冲入城中。路博德身经百战，声名赫赫，南越军队素闻他的威风，又不知汉军到底来了多少兵马，惊慌失措，纷纷向路博德投降。路博德当机立断，编制降兵，补充兵力。经过一夜的攻击，番禺城全面沦陷，南越军很快就放弃了抵抗，交战趋于平息。

这是番禺建城以来迎来的第一场大规模战争，番禺城虽坚固难摧，但如何抵挡得住杨仆不惜毁城烧尽的火攻。这一场大火，殊为惨烈，不仅城楼城门被烧毁，还波及城内的街区，民居、商铺及其他建筑物成片被焚，就连南越王宫也未能幸免于难，整个番禺城几乎成为一个废墟。现今史学界普遍认为，最早的也即任嚣、赵佗建造的番禺城，已在汉越战争中被严重毁坏，难以修复，因而汉武帝重新设置岭南划分九郡后，才会将统率九郡的交趾刺史部（后改为交州）设于广信（今广西梧州），直到东汉末期，交州刺史步骘才重建番禺城，由此番禺再次成为岭南中心。据《水经注》记载：

"建安中，吴遣步骘为交州，骘到南海，见土地形势，观尉佗旧治处，负山带海……骘登高远望，睹巨海之浩茫，观原薮之殷阜，乃曰：斯诚海岛膏腴之地，宜为都邑。"遂于建安二十二年（217年）"迁州番禺，筑立城郭，绥和百越，遂用宁集"。

在这番战斗中，路博德和杨仆两位进攻主将，呈现出截然不同的姿态。素为武将的路博德，表现出了相当柔和的一面，对投降的南越兵将一概宽容，甚至放他们回去劝降别人，承诺绝不伤及无辜，使得投诚的人都跑到了他那里；文官为将的杨仆，则表现得较为暴戾凶狠，到处纵火，驱赶乱兵，大开杀戒，致使南越军民闻之色变，避之不及。在后来的岭南历史上，路博德和杨仆留取的身后声名，由此也截然相反，至今岭南不少地方仍流传着伏波将军开境安民的故事，有些地方还立有纪念其功德的碑石庙宇，而楼船将军在岭南民间的记忆等同于空白，几乎无人对他心怀感念，倘有也只是把他当作吓唬小孩的魔鬼化身。

南越王赵建德和丞相吕嘉见汉军大火烧城，防线溃退，军民混乱，情知无力固守下去，走为上策，半夜就偷偷带领数百残部从围城逃出，乘船来到城西百里之外的吕嘉封邑（今顺德大良），凭借之前在此筑立的石瓮、金斗两座小城，负隅顽抗。路博德派遣军队穷追猛打，毫不费力就攻陷小城，赵建德、吕嘉被冲散，各自在仓皇中乘船遁入大海，盲目逃窜。路博德派水军分道追寻，结果，赵建德被原南越国校尉司马、降汉后以原官隶为路博德部下的苏弘追上，生擒活捉；吕嘉被降汉的原南越国郎官都稽追上，同样被生擒押回。

赵建德和吕嘉被俘后，南越国的附属郡县及外属王侯，无一不闻风而降。苍梧王赵光，听闻番禺已平，献城投降，被封为隋桃侯；揭阳令史定，不战而降，被封为安道侯；桂林监居翁，劝谕瓯、骆族40万人一同降于汉朝，被封为湘城侯；郎将毕取，于番禺城阵前投降，被封为瞭侯。另外受降见功的南越将士也各有封赏，一概优抚，纠正了杨仆入城时驱杀乱兵的做法。

汉武帝派去征讨南越的大军，分为五路，加上主动请求协助进攻的东越王馀善的军队，共有六路，但真正与南越国开战的，只有第一路伏波将军路博德和第二路楼船将军杨仆的军队，那么另四路军队去了哪里？根据《史记·南越列传》的记载，由戈船将军郑严、下厉将军田甲带领的第三、四路军队和何遗率领的第五路军队尚未到达，南越就被平定了。这三位将军都是赵佗在位时起用的越人中的佼佼者，在汉越未开战之前就相继降汉，又被派回来攻打南越，他们本来就是协助的军队，带领的队伍中也多是越人旧部，另有一些临时拼凑的罪人流民，所起的作用就是配合前两路主力军进攻占领或者后续增援，或许汉武帝对他们还没有建立起充分的信任，也或许是考虑到他们熟悉南越地方和军情。郑严和田甲一路上并没有发生什么变故，只能说是走得够磨蹭的，杨仆与路博德的两路军队从南越边境到都城都打了一年，他们还在路上，可能也正是由于郑严、田甲本是越人，回身征讨自己的故国家乡，难免心有疙瘩，不排除有意怠慢，拖拖拉拉。何遗则由于绕道去借取夜郎的兵马而另生枝节，根本就没有集结起预想中的第五路征讨大军。

原来，何遗的这一路军队，并非直接由朝廷派出，而是从四川到贵州中途集结，主要是想依仗先前唐蒙收买过的夜郎国兵马。按计划，何遗先是到巴蜀召集了一些由罪人组成的士兵，然后率队从蜀地来到夜郎国。其时夜郎王多同已逝，新王未立，临时主事的夜郎侯答应践约发兵，然而他的威信及影响力还不足以调动各部。又由于夜郎国部族众多，有的部族之前收受了唐蒙财物，愿意发兵协战；有的部族感念与南越的多年交情，犹疑不决；最难搞的是大部族且兰部的首领头兰，担心出兵远行，会被旁边的小国乘虚而入，“虏其老弱”，拒不应允出兵，还将道路隔断。拖延良久，何遗眼见已经耽误了番禺会师之期，再拖下去恐怕难担罪责，无奈带着集结到的零散军队下牂牁江，但没有走出多远就听说南越已经平定了，于是又引兵折回，派人将情况上报朝廷。汉武帝怪这一路军队贻误军机，又怪夜郎下属部族出尔反尔，有损大国威严，于是迁怒于头兰，传令何遗率部下八校尉和巴蜀罪人清剿且兰部，头兰闻讯反叛，杀了犍为郡太守，但毕竟兵力微弱，没能抵抗多久即被汉军围歼，头兰也被汉中郎将郭昌、卫广引兵诛杀。且兰部平定后，汉武帝册封响应发兵的夜郎侯为夜郎王，以原犍为郡南夷县及附属君长国设置牂牁郡。

再说第六路东越王馀善的军队，这一路军队并不计入汉朝的征讨大军之列，不过是馀善为讨好汉武帝而主动加入的旁支，事实证明他更多的是想趁火打劫。东越地处东南沿海，馀善获得汉武帝的允许，带着八千人从福建出发，约定由海上进入番禺与楼船将军杨仆会师，但馀善行军到揭阳时，便以海上出现大风巨浪为借口不再前进，采取两头观望的态度，一边派人打探汉军的动静，一边又派人与南越方面联络，给汉越双方都造成前来相助的意思。直到杨仆、路博德攻破番禺城，馀善还在揭阳按兵不动。占领番禺后，杨仆痛恨馀善做墙头草，向汉武帝上书请求顺便把东越灭了，杨仆的狠辣好战之心在此又见一斑。汉武帝认为历经一年才扫平南越，将官士卒们已经疲惫不堪，不宜再战，没有批准杨仆的请求，命令他撤回，驻军豫章郡的梅岭（今江西宁都）待命。馀善听说杨仆想攻打他，自知这次的“骑墙”举动已经惹怒了朝廷，汉武帝虽然暂时放过了他，但迟早会派兵前来算账，于是索性一不做二不休，没过多久便公开叛汉，自称“东越武帝”。馀善既反，汉武帝顺竿而上，不再迁让，调集四路大军南下征讨，其中第一路主力军便是楼船将军杨仆的军队。第二年（前110年），东越灭亡。

五路进攻南越军队的领军主将中，楼船将军杨仆和伏波将军路博德，在战争中功劳最大，汉武帝加功进赏，封杨仆为将梁侯；路博德仍为符离侯，加封六百户；第三、四、五路军队虽然“兵未下，南越已平”，压根就没有投入到南越战场，但汉武帝同样对领军主将进行封赏，主要为表彰这三位的率先归汉之功，田甲被封为归义侯，何遗被封为驰义侯，郑严的封职未见记载；此外，又封擒获赵建德的苏弘为海常侯；封擒获吕嘉的都稽为临蔡侯。

至此，南越国全面平定，论功行赏已毕。时为公元前111年，西汉元鼎六年，历经五世、共存93年的南越国宣告终结，岭南历史上第一个王权国家画上了句号。

合

合：合口也。
——《说文解字》

历史并未终结

南越国自公元前203年创立，至公元前111年灭亡，历时93年，传五主。相传，一主南越武王赵佗，在位67年；二主南越文王赵胡，在位16年；三主南越明王赵婴齐，在位约10年；四主赵兴，在位约1年；五主赵建德，在位约2年。曾参与南越王墓等遗迹发掘的考古学家黄淼章，在他所著的《南越国》一书末尾附了一份“南越王国世系简表”，不光列出了南越五主的在位时间，还指明人物传承关系和起止年份：一主赵佗，前203年至前137年在位；二主赵胡（眜），为赵佗之孙，前137年至前122年在位；三主赵婴齐，为赵眜之子，前122年至前113年在位；四主赵兴，为赵婴齐次子，前113年在位；五主赵建德，为赵婴齐长子，前112年至前111年在位。

赵佗是南越国的第一任君主，也是岭南开荒第一人，他不仅缔造了南越国从无到有、从弱到强的光辉历史，还开辟了岭南由荒蛮贫乏到万物生长的生动景象。他在位的后40年，也即汉越关系第二次修好至赵佗逝世的这一段时间，是南越国发展突飞猛进、繁荣鼎盛的时期；到第二主赵胡继任，南越国开始走向衰落，自此江河日下，终至不可挽回地走向灭亡；第三主赵婴齐和第四主赵兴，纵容后宫，引发内乱，致使已经转向衰败的南越国岌岌可危；南越国的末代君主、在位不过两年的赵建德，落得一个非常悲惨且屈辱的下

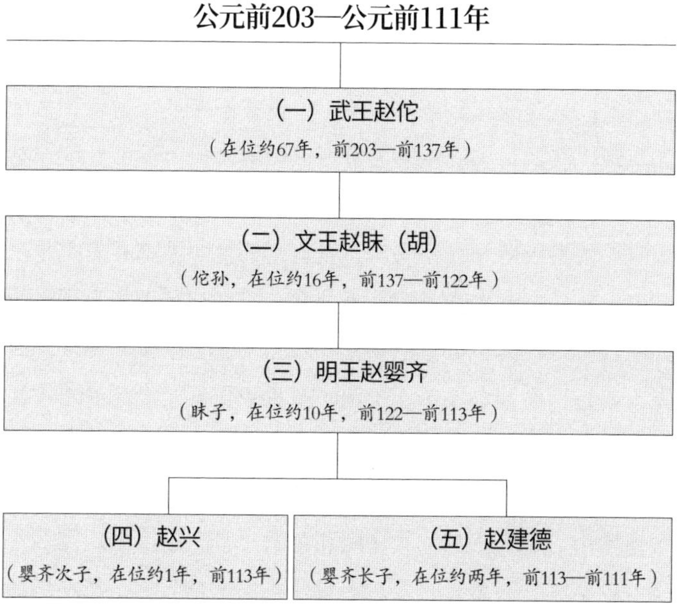

南越国世系表

场，被俘后押送长安，随即公开处斩，其头颅被汉武帝下令悬挂于长安城的北阙上，用意是向北方的匈奴示威。

公元前111年冬天，当汉武帝接到南越平定的战争喜报，欣喜不已，其时他正出巡至左邑桐乡，遂传诏天下，以左邑桐乡改名为闻喜县（今属山西运城）。第二年春天，在逃亡中被汉军于海上擒获的吕嘉，于番禺被斩首，头颅被送入长安，其时汉武帝正出巡至汲郡新中乡，闻讯传诏，以汲郡新中乡改名为获嘉县（今属河南新乡）。不仅如此，回朝后，汉武帝又下诏将吕嘉的子孙族人全部从南越迁至西南边陲，并设置不韦县（今属云南保山），以警示吕嘉后人不要忘记先人恶行。

汉武帝对吕嘉，不用说，是怀有极深的芥蒂的，按那个时候的做法应该是要诛灭全族的，然而他却放过了吕嘉的子孙族人，只是谪迁到西南边陲，并设置不韦县。这就有些令人生疑，汉武帝当真宽宏大量可以理解，但“不韦”这一县名因何而来？这一名字很容易使人联想到战国末期被秦王嬴政驱逐的秦国丞相吕不韦。可以肯定的是，不韦县确实是汉武帝于元封二年（前109年）设置的，此时秦国遗相吕不韦都死了100多年了，按理说牵扯不上，有说法称汉武帝认为吕嘉于南越国类同吕不韦于秦国，有意效仿秦始皇迁吕不韦族人入蜀地的做法，将吕嘉族人迁至西南边地的初开郡县，并将县名取名“不韦”。东晋常璩在《华阳国志》中载：“武帝通博南，置不韦县，徙南越相吕嘉子孙宗族资之。因名不韦，以章其先人恶行。”也有说法称汉武帝其实是将秦国的吕不韦后人再次由蜀地而迁徙到滇地，补充新置郡县人口，东晋孙盛在《蜀谱》中提到：“初，秦徙吕不韦子弟宗族于蜀，汉武帝开西南夷，置郡县，徙吕氏以充之，因置不韦县。”还有说法称“韦”与“违”通，“不韦”其实不是指人名，而是“不违”的意思，《说文解字》有言：“韦，相背也。”此外还有说法称吕嘉子弟宗族在南越国灭亡时，已被诛灭殆尽，根本就不可能有迁徙西南边陲这事。

吕嘉是南越国后期一个毁誉参半的人物，他为了捍卫南越国的自治权而不惜发动政变，与强大的汉王朝正面对抗，但也因此彻底断送了南越国。司马迁在《史记》中有“其后亡国，徵自樛女；吕嘉小忠，令佗无后”的评论，他认为南越国灭亡的原因由樛太后而起，吕嘉一味忠于保全南越社稷之举，实际上是“小忠”，其结果是造成了赵氏王室的灭绝。越南史官黎文休在《大越史记》中评论吕嘉“今乃弑其君以逞私怨，又不能以死守国，使越分裂而入臣汉人，则吕嘉之罪有不容诛者矣”，认为吕嘉是弑君亡国的罪人。这些只能说是古代史家的个人之见，有着保守的君君臣臣之类思想的制约。反过来看，假如没有吕嘉的一意抗衡，南越国和赵氏王室也许还能勉强保全下去，但却不知能够存在多久，又将忍受怎样的屈辱与苟且。更进一步看，假如吕嘉不是抗争到底而是顺应汉朝兼并，苟存偷生，以他之于南越的资历影响及情感气节，又何尝不是一种卖国求荣。历史尘埃已定，后世任何的评价都不过是一家之言。

南越国已灭，汉武帝重新设置岭南，分为南海、苍梧、郁林、合浦、交趾、九真、日南、珠崖、儋耳九郡，其中儋耳、珠崖两郡，为汉朝新开郡，于今天的海南岛内。南海郡治番禺（今广东广州），范围约为今广东北部、东部、中部至南部；苍梧郡治广信（今广西梧州），范围约为今广西东部和广东西北部；郁林郡治布山（今广西贵港），范围约为今广西东南部、中部和北部；合浦郡治合浦（今广西合浦），范围约为今广西西南部和广东西部；交趾郡治羸娄（今越南河内）、九真郡治胥浦（今越南清化）、日南郡治西卷（今越南广治），范围约为今越南北部至中部；儋耳郡治儋县（今海南儋州），范围约为今海南西部至西北部；珠崖郡治瞫都（今海南琼山），范围约为今海南海口一带。

交趾、九真、日南又合称交趾三郡，濒临大海，河网密布，随后成为“海上丝绸之路”的重要港口和通往东南亚、南亚诸国的海上航线，《汉书·地理志》载：“自日南障塞、徐闻、合浦船行可五月，有都元国；又船行可四月，有邑卢没国；又船行可二十余日，有谌离国；步行可十余日，有夫甘都卢国。自夫甘都卢国船行可二月余，有黄支国……自黄支船行可八月，到皮宗；船行可二月，到日南、象林界云。黄支之南，有已程不国，汉之译使自此还矣。”这是中国与东南亚海上交往的最早记载，证实其时汉朝使者已跨越越南、泰国、马来西亚、缅甸等国，到达印度洋大陆的斯里兰卡（已程不国）。

关于儋耳、珠崖两郡的开设，有人认为是与其他七郡同时设置的，即汉武帝元鼎六年（前111年），杨仆、路博德平南越后，又顺势率领楼船水师登陆海南岛，由此海南正式划归中国（中央王权）版图。明代中期琼山人、被誉为“有明一代文人之宗”的丘濬在《琼山县儒学记》中言之凿凿：“琼在禹贡荒服外，汉武帝元鼎中始入中国。”有人认为是稍后于其他七郡而增设的，即汉武帝元鼎六年（前111年）于原南越国属地设南海、苍梧、郁林、合浦、交趾、九真、日南七郡，汉武帝元封元年（前110年）又派遣使者登陆海南岛，于是增设儋耳、珠崖两郡。《旧唐书·地理志》记载：“汉武元封元年，遣使自徐闻南入海，得大洲，东西南北方一千里，略以为珠崖、儋耳二郡。”另有说法称早在秦末汉初南越国就将琼州、儋州收为属地，如清嘉庆年间重修的《大清一统志·琼州府》载：“琼州……秦末属南越”“儋州……汉初南越地。”

无论如何去说，以海南之地设郡，对这一人迹难至的庞大岛屿实行管理开拓，从汉武帝时期就已开始，这一点并无疑问，唯一的疑问是其开发史或许还要更早一些。自此，儋耳、珠崖二郡和南海、苍梧、郁林、合浦、交趾、九真、日南七郡，并称为岭南九郡。岭南九郡各自下设的县都有哪些？今天已无法逐一列出，但假如查阅当前两广地区的市县历史，便会发现，有不少市县的最初设县时间，都是汉武帝元鼎六年（前111年），这个遥远的年份，注定成为一个不可消除的符号，镌刻于岭南各个地方的深处。中国的年号纪年，是由汉武帝开创的，“元鼎”是他的第五个年号，“元鼎六年”也是这一年号纪年的终结，第二年，汉武帝即改号为“元封”，公元前110年也即元封元年。汉武帝这个惯于高调反复又标新立异的皇帝，于他在位的54年间，总共用了十个年号，等于开创了十个纪元，真是不服不行。后来的不少皇帝，都沾染了汉武帝喜欢改年号的癖好，使历朝历代的纪年显得混乱不清，算是开了个坏头。

岭南九郡由交趾刺史部统管，为西汉十三个刺史部之一，是一个权力和管辖在郡之上的地方行政区域管理机构，治所设于苍梧郡广信县（今广西梧州）。其时的苍梧郡广信县，处在五岭的腹部位置，实为岭南的中心之地，顾祖禹在《读史方舆纪要》中称：“地总百粤，山连五岭，唇齿湖湘，噤喉桂广。汉以交州治广信，控南服之要会。”广信，得名自汉武帝诏令中的“初开粤地，宜广布恩信”，这一名字随之闪耀于历史的视野，一度成为岭南的政治、经济、文化中心。东汉建安年间汉献帝改交趾为交州，三国时期交州刺史步骘将州治由广信迁至番禺，随后东吴分交州以东而设置广州，州治设于番禺。广州之名，即取广信之“广”字。虽然随着广州的设立，岭南中心也转移到了番禺，但广信并没有就此被遗忘。唐朝初期设置岭南道，以广信为临界点分岭南东道和岭南西道；北宋时期改岭南道为广南道，随即又改为广南路，正式称广信以东为广南东路，广信以西为广南西路，简称广东、广西，这就是今天的广东和广西之由来。

在岭南地区纵横将近一个世纪的南越国由炫目到灰暗，渐渐落下帷幕，但那些舞台上的人物和事件，始终在历史的一个角落上演。任嚣、赵佗、赵胡、吕嘉，还有中场及末场走上舞台的陆贾、严助、杨仆、路博德等人，以及秦平百越、南越立国、和辑百越、陆贾出使、赵佗称帝、吕嘉起事、火烧番禺等跌宕起伏的事件，在中国的历史时空中永不消散，更在岭南的土地上栩栩如生。今天，岭南大地上仍然保留着许多南越国的痕迹，如广东、广西各地发现的南越国墓葬以及南越国宫署遗址、南越国水关遗址等，尤其是1983年于广州象岗发现的南越文王赵胡陵墓，鲜明地向人们展示出2000多年前南越国的踪迹动向。

历史是相生相克又充满意味的，假如不是秦朝的残暴统治引发大规模的农民起义，赵佗也许就难以找到机会割据称王，自治岭南；如果没有遇上以“雄图伟略”著称的一代雄主汉武帝，打造了近百年基业的南越国也许就不会那么轻易覆灭。考察南越国从建立到灭亡、从无到有以及强弱转换、兴衰交替的过程，便会发觉，南越从立国、中兴到鼎盛，凭借的基本是赵佗的一己之力，几乎可以说，南越国的历史就是赵佗的历史，在他之外，除了几乎贯穿整个南越国时代的丞相吕嘉，并无一人值得特别提及，而接下来的四任南越王不过是赵佗余荫之下的苟存之辈。赵佗的相人或御人之术，不能不说是较为失败的，他前期任用的一批越人官员和发掘出来做官的“中县人”，不是寂寂无闻，便是弃越归汉甚至倒戈相向，如何遗、郑严、田甲、居翁、毕取、都稽、史定等，尤为可悲的是汉武帝派来征讨南越的五路大军，有三路的领军将领都是降汉的越人大将，并且最后擒获赵建德和吕嘉的也是降汉越将。人才的压制不举、后继无人乃至人心涣散，无疑是南越国雄踞岭南却又骤然而衰的最主要原因。

与之相比，在同一背景和时期崛起的西汉，自同样卓越不凡的汉高祖刘邦开始，虽然也经历过宫廷混乱，朝野不安，但能够适时纠偏正向，薪火相续，经过中兴期“文景之治”，终于进入最为鼎盛的汉武帝时代。而历代的汉室朝廷更是人才济济，萧何、韩信、曹参、张良、陆贾、董仲舒、霍光、卫青、霍去病等，每一位都是中国历史星空中一颗闪亮的星。赵佗逝世时，汉武帝刚刚即位，或许也因为交错而生，汉武帝方能一举平定南越。一人已不足以定论一个国家的兴亡，但在那个王权至上的时代，君王的影响无论如何都显得举足轻重。当然，最为真实而重要的因素，是汉朝由持续上升进入鼎盛阶段之际，正是南越国由盛转衰的下沉时刻，汉王朝吞没南越国，不过是迟早的事情，汉武帝只是充分把握了时机。从他最后对待赵建德、吕嘉的态度和做法来看，毋庸讳言，汉武帝一方面志存高远，一方面又有失胸襟，他接下来的穷兵黩武，一意扩张，虽然将汉朝版图扩展到最大，但也使西汉政权陷入了危机。

假如不是赵佗这样一个非凡人物的出现，岭南也许就不会那么快速有效地由蛮荒封闭走向富庶文明，拥有辽阔疆土的汉朝也不会那么坚决地把统治的长鞭伸向这一片偏远独立的土地。正如起初秦始皇统一中原六国后又南征百越，除了一统天下的野心之外，还怀有垂涎岭南地区奇珍异宝的私欲；汉武帝对南越的征服，也绝不仅仅是为了统一，更有睨视南越国成果、坐享其成的夺利之心。诚然，汉武帝的“贪婪”同时又是一种非凡抱负的施展，包含着远见卓识，他后来开辟的“海上丝绸之路”雏形，正是在南越国的造船、航海和通商基础上所作出的大幅度开拓，由此拉开了中国与海外各个国家经济、文化往来的序幕，也使广州及岭南沿海各地的作用真正变得重要和突出。

南越国虽然在汉武帝的铁蹄之下灰飞烟灭，南越王宫也被楼船将军杨仆的一把大火烧为废墟，然而南越国的历史并未终结，或许说南越国作为一个王国的历史可以终结，但其对一个地方的开拓、贡献和影响不可消除，如果没有南越国时期的筚路蓝缕，就不可能有今日岭南的景象万千，而中间各个历史阶段的精彩篇章就可能是另外一个样子。可以这样认为，两千多年前被西汉王朝消灭的南越国，只不过是一个在大国之下苟存的小国活动的终结，而其所创造出来的人类文明、社会文明、地方文明等仍然持久发挥着作用。受地形制约，秦朝以前的岭南，长久没有得到文明的洗涤，但南越国的诞生使其冲破混沌，逐步消除蒙昧，山河苏醒，万物生长，风气自成，这一意义无比重要。以现代的视野和目光来分析，南越国时期对后来直至今天的岭南，至少有着三方面的独到影响。

一是社会经济的影响。南越国大力促进与中原地区的经济互补，在打通内陆的沟通往来之外，已开始凭借舟楫之利发展河海交通，形成了较为繁盛的商业集散中心。《史记·货殖列传》中列举了近20个秦汉时期的通都大邑，番禺为其中一个，“番禺亦其一都会也，珠玑、犀、玳瑁、果布之凑”。《汉书·地理志》称番禺“处近海、多犀、象、毒冒、珠玑、银、铜、果、布之凑，中国往商贾者，多取富焉。番禺其一都会也”。在这一先导性的开放实践之下，西汉之后历朝历代的岭南，对于海外的商贸发展一直非常活跃，据史料记载，汉武帝统治岭南后，随即开通由番禺出发至印度洋各国的海上贸易，包括由中原地区到岭南经由内河出海的航线；唐代开辟了由广州通往西方的当时世界最长的海路航线“广州通海夷道”，朝廷向广州派遣市舶使管理海外贸易；宋代“海上丝绸之路”获得空前发展并达到兴旺，在广州设置管理对外通商的市舶司；元代广州的市舶收入“岁时蕃舶

南越王墓出土的角形玉杯，造型设计借鉴了西方的来通杯

金、珠、犀象、香药、杂产之富，充溢耳目，抽赋帑藏，盖不下巨万计”（《南海古迹记》），出口的中国丝绸增多；明代初期特准凡附朝贡贸易而来的商舶一概免税，明代后期出现了专事进出口货物的“广东三十六行”；清代限定广州为全国唯一对外通商口岸，由清政府指定的商业机构“十三行”专营对外贸易……自古以来，以广州为中心的岭南，一直是中国与海外文明交流的窗口，1978年以来更是国内经济改革开放的前沿。两千多年来长盛不衰的商业贸易，也推动着医学、教育、宗教、科技、交通、建筑等社会各方面的交流促进。

二是精神文化的影响。赵佗“和辑百越”政策的其中一项内容，是一方面推广汉字汉语、灌输诗书礼乐，一方面尊重土著风俗习惯，使百越文化和中原文化交相融合。汉族文化的普及与介入，由启蒙、渗透到占据主导，逐步改变了岭南的世俗观念、精神追求和思想意识。同时，在与土著文化的碰撞中，由中原照搬的汉族文化也产生了一些分化，呈现出类似“入乡随俗”的一面，在持续的剧变调和之间形成独有的精神气脉。再由于后来与海外众多国家地区的频频接触交往，继而与国际文化产生碰撞，正是在这样的滋生发展上，本土文化、中原及各地区文化加上海外文化，多文化的吸收融汇，渐至形成了具有鲜明特色的岭南文化，成为中华文化的一枝奇葩。岭南文化也显现出吸纳包容、兼收并蓄的态势与样貌，显得多元、开放、兼容、务实、创新。历代以来，岭南文化在学术思想、教育传播、文学艺术、戏曲音乐、工艺、建筑、民俗、饮食、语言等各方面均获得了长足的发展和形成显著的影响。

三是生活习俗的影响。赵佗南征百越时，带来了数十万将士和“谪戍”的人口，后来又专门请求从中原派遣一批女子前来岭南，这一以移民为补充、繁衍的人口发展方式，一直延续了下来，在血缘、亲缘、种族方面均有改变改良，而人群的多样化更使生活样态丰富多彩，派生出多地区、多民族的各具特点的风俗习俗。居住方面，南越国建立后，百越部族的“干栏”民居与中原民居相结合的样式，对后来岭南地区的建筑发展有着启发意义。随着广府民系的形成和后来潮汕民系、客家民系的加入，逐渐形成了包括广府建筑、潮汕地区建筑和客家建筑在内的岭南建筑，三者的民居建筑在不少地方又得到融汇变通，多有一体并存的样貌。语言方面，有证据显示，广东、广西和港澳等众多地域的粤语，是由南越国时期推广的中原雅言衍生而来，保留着中古汉语的余韵，是一种非常具有识别性的语言。有一个很明显的例子，不少汉唐以来的古典诗词，今天用粤语诵读则音韵相通。饮食方面，在广州南越王墓出土的大批文物中，发现了数百件用作饮食和保存食物的用具，说明南越国时期对饮食已经相当注重仪式和花样，可视为岭南丰富饮食文化的古代对应。而今天的广东饮食文化，其琳琅满目、多滋多味以及精细考究的程度已是四海传扬，天下皆知。

总的来说，南越国在岭南历史上是具有积极作用和卓越贡献的，一方面对岭南地区的封建制度和社会秩序起到了有效的推动和巩固作用，另一方面对岭南社会的经济开发、物质文明和精神文明起到了重要的突破与发展作用，同时又促

南越王墓后藏室的小号烤炉

进了民族融合、文化交流、商业进步等，对后世影响巨大。

但是，对南越国的开创者和经营者赵佗，历史上的评价似乎并不是那么看好。司马迁在《史记》中用短短几十字概括评论南越国近百年基业，却无一字提及赵佗的功绩，相反有“佗得以益骄”这样的指责。屈大均直指赵佗是南越的罪人，说他“使南越人九十余年不得被大汉教化”。这类观点，不能不说与封建社会的君臣之道和集权思想有关，有着时代的局限性。当然，也有前面说过的诸如“南越文章始尉佗”这样的正面评价，此处不作赘述。现当代学界对南越王赵佗的评价，众说纷纭，综合起来无非正反两种，一种认为赵佗为岭南社会的进步和发展作出了巨大贡献，是开发岭南的第一功臣；一种认为赵佗割据岭南是分裂行为，是“破坏统一”“复辟倒退”的人物。

应该认为，赵佗的功过是非，不管古今人们如何评价，都应当站到当时的历史背景和局势来看待，赵佗的割据自立，虽然也有着分裂复辟以及个人野心，但在秦末群雄纷起的争夺之际，至少使岭南之地免受战乱刀兵之扰，得以保一方安定。晚清湘阴学者左钦敏有评：“秦汉之际，天下苦兵久矣，南越之民独宴然，不受外兵，岂非南越王之德哉。”后来的事实也证明赵佗确实是一个安邦治国的大才，他治理岭南所取得的成就有目共睹，而他两次归汉更是识大局顾大体之举，广东最早的方志《交广春秋》赞之为“生有奉制称藩之节”，连汉高祖都称赞他“甚有文理”。这些都是不可否定的，总之，赵佗和他创立的南越国，是岭南大地上矗起的第一座丰碑，后世岭南的广州、龙川等地曾出现过多座奉祀赵佗的南越王庙，说明人们对那个在遥远历史时空中开拓岭南的赵佗，始终怀着发自内心的敬仰与缅怀。

一个时代的重生

沉睡了2000多年的南越国，终于在进入20世纪之后再现踪迹，从初时的电光一闪到后来的相继浮现，历经近百年的追寻披露，南越国逐渐显现真容，几乎完整地串连了那一段遥远而光辉的历史。尤其是20世纪80年代以来，两广地区内广州等地接二连三的考古发现，使人们把关注而惊奇的目光重新拉回这片土地上曾经风云激荡的岭南古国。1983年是南越国考古历程中一个充满意外及惊喜的收获之年，这一年广州连续发现两座南越国时期的大型墓葬，经发掘考证一个极可能是南越第三主赵婴齐墓，另一个被证实为南越第二主赵胡墓。由此南越国的考古进入了成果时期，再到1995年、1997年南越国宫署遗址的相继发现以及2000年南越国都城水关遗址的发现，南越国的考古发掘和研究达到了高峰，并经专家考察后进入公众的视野。1998年，在南越文王赵胡陵墓上就地建设的西汉南越王博物馆正式对外开放；2010年，当时正在南越国宫署遗址上建设的南越王宫博物馆开始实行局部开放。古老神秘的南越国，从而向公众掀开了曾经长久遮蔽的面纱，一个真实而遥远的时代终于得以情景再现乃至涅槃重生。

南越古国于今天的岭南大地首次重现端倪，是在20世纪之初的广州。1916年5月，祖籍广东开平的海外华侨黄夔石购置了位于东山龟岗的一片荒地，兴建楼房，当挖掘到地下丈余深时，意外地发现了一座颇具规模的古代墓冢。可惜的是这一消息隔了四个月才传到广州市政当局那里，广州文庙奉祀官谭镳闻讯前往视察，认为是南越国时期的贵族或王者墓葬，赶忙撰写呈文上报省政府，请求予以保护。据考察，这座南越国墓葬为大型的木椁墓，呈现“一堂三房”的形制，堂广一丈二尺，深一丈四尺，三房共广一丈六尺，冢屋高四尺。墓室中的陪葬物本来较多，但因未及时受到保护而失散，仅仅收回48件。墓中首次出土一批带戳印和几何印纹纹饰的陶器，以及一批有隶书刻字的铺地木条。这些陶器和木刻，意义重大，中国现代考古学中的“几何印纹陶”这一名词，正是因为此墓出土的陶器陶纹而定名；刻字的铺地木条，被认为是代表汉代之前最高等级葬制的“黄肠题凑”，有人由此提出墓主或为南越国的王者，有可能是南越文王赵胡墓。这一推测几成结论，在1983年真正发现象岗南越王墓之前很少受到质疑。

1916年龟岗南越国墓葬的发现和保护，是20世纪初期广州出土历史文物的一大发现，也是广州考古工作的开端，同时推动了广东乃至中国考古工作及研究的发展。其时，梁启超、王国维、罗振玉等国学大家，纷纷投入关注并参与研究，梁启超给时任广东省省长朱庆兰写信请求加以重视，王国维亲自考证认为墓中出土的木刻确为“黄肠题凑”并题写了跋语。1928年，由蔡元培召集，傅斯年、顾颉刚、杨振声担任常务筹备员的“中央研究院历史语言研究所”于广州成立，这是中国第一个考古学、历史学和语言学等现代人文学科的研究机构，曾聚集了陈寅恪、赵元任、李济、罗常培、李方桂、董作宾等一批顶级学者。1929年，广州市立博物院成立，谢英伯任院长，这是中国最早的博物馆之一，也是此后20年间广州考古活动的主要组织机构。1931年，胡肇椿、杨成志、曾传轺等人在广州发起成立了中国第一个职业考古学团体——黄花考古学院，并于第二年初出版了考古学专业期刊《考古学杂志》创刊号。

20世纪50年代以来，在广州近郊和远郊连续发现了一批南越国时期墓葬，其中以华侨新村玉子岗和淘金等地点较为密集。这些南越墓，绝大部分是木椁墓，少数部分是土坑墓，经发掘考证，基本为南越国臣民的墓葬，既有平民的，也有中小官吏的，还有高官贵族的。到20世纪80年代初期，已发现的南越国墓葬计有200余座，出土的随葬物包括陶器、铜器、漆器、木器、玉印、铜印等，不少器物上均有铭文。从这些器物上的铭文和印文来看，并未发现与史书记载的南越国人物对得上号的，可见这些墓主名不见经传，更谈不上发现南越王陵了。

1983年5月，广州西村凤凰岗发现一座被盗挖过的古墓，这座墓规模很大，平地起冢，木棺椁，为流行于战国和西汉时期的木椁墓。墓穴坑口长13.8米，宽5.7米，斜坡墓道宽3.2米。木椁仅存底板和两侧的3块壁板，底板24根，全是宽厚均为0.44米的大木。然而由于这座墓早已被盗，内部遭到严重破坏，随葬品基本丢失，但令人惊奇的是在盗洞中竟然发现了20余件很可能是盗贼遗漏下来的精美玉器，有璧、璜、舞人、龙形佩饰、虎形佩饰、剑格等。其中一件玉舞人，形态端庄，姿势生动，额前华发高耸，脑后小辫轻垂，两鬓垂肩，罗裙曳地，腰束丝带，脚穿弓鞋，两手分别作上扬和下垂状，活脱脱一个正在翩翩起舞的美妙状态。经对照，这件玉舞人与先前于洛阳金村战国墓出土的双女玉舞人高度相似，或为战国时期的玉器。另据专家判断，以这批玉器极为细腻考究的制作程度来看，应该是南越国王室工匠的杰作，而且从有剑格、剑珌的玉剑饰可以判断墓主为男性，很大可能是三国时期被孙权派人挖掘过的第三代南越王赵婴齐墓。据晋人王范《交广春秋》记载，孙权派部将吕瑜带人在广州寻找赵佗墓，在番禺城周边凿山破石，掘地三尺，搜寻了半年，仅仅找到了南越三主赵婴齐墓，在陵墓内挖出大批珍宝，包括婴齐身上的丝褛玉衣和皇帝信玺、皇帝行玺等金印。

玉舞人

1983年6月，广州某基建部门在越秀山西边的象岗兴建公寓，将岗顶削低17米，就在开挖地基时，发现一块块整齐排列的大石板，底下像是一个地下石室。象岗，因山体形似大象而得名，海拔不足50米，原与越秀山主峰越井岗有一道山梁相连，明代初期因修建广州城北门而被凿平断开，成为一个孤立的小山岗，曾因花树簇拥、樵歌悠扬而被评为古羊城八景之一“象岭樵歌”。清代曾在象岗顶上修筑巩极炮台，民国时期至20世纪60年代被划为军事禁区，20世纪70年代起，象岗脚下陆续兴建楼房，成为公寓区和商业区。

象岗建筑工地发现地下石室的消息，迅速报到了广州市文物管理委员会，考古人员赶到现场，经过初步勘查，判断此墓属于南越国时期的王陵，未遭盗扰。随后，经国务院批准，由国家文物局指导，由中国社会科学院考古研究所、广东省博物馆、广州市文物管理委员会共同组建的“象岗考古发掘队”成立。1983年8月25日，象岗大墓发掘工作正式展开，历经一个多月的勘探、清理、记录，室外发掘清理工作宣告完成，转入室内整理工作。至此，已完全可以确定该墓为第二代南越王赵胡的陵墓。

南越王墓内部走道

象岗南越王墓的布局较为隐秘独特，主要特点是以山为陵，地面不留痕迹，不设陵园，而是从山顶劈石而下20米，墓顶用24块大石覆盖。墓穴采用土石坑加洞室的形式，呈平面的“凸”字形。墓室依照“前堂后寝”的布局，由墓道、前室、中室、耳室、侧室、主棺室和后藏室等部分组成，前三后四共七室，用750多块红砂岩大石构筑而成。前室的四面及顶部都绘有朱、墨两色的云纹图案，总宽12.5米，总长10.85米，面积共约100平方米。墓室内保存完好，保持着墓葬的形制特点，随葬物也基本维持原貌，最终，从墓中起出各类随葬品1000多件（套），计10 000余件，包括玉器、金器、银器、铜器、铁器、陶器、漆器、石器、象牙、犀角、水晶、琉璃等，其中有64件（套）为国家文物局发布的禁止出国（境）展出的一级文物，还有角形玉杯、铜屏风构件、“文帝行玺”金印、丝缕玉衣、大玉璧、玉盒等几件堪称“国宝”的文物。根据墓主身上的“丝缕玉衣”和龙钮金印“文帝行玺”、玉印“赵眜”，可以认定就是僭称“文帝”的南越文王赵胡（眜）。

在上千套、上万件的出土文物中，以“文帝行玺”金印和丝缕玉衣尤其引人注目，充分印证了墓主的身份。而丝缕玉衣令人产生揣测，因为根据汉朝帝王贵胄葬仪的记载，只有金缕玉衣、银缕玉衣和铜缕玉衣，南越王是诸侯王，按等级应该是用银缕玉衣，但为什么会是丝缕玉衣？考古专家推测，以其时并不和善的汉越关系来看，或许这件玉衣不是由汉皇帝赐予的，而是由南越国自行制作，可能与当时南越国的丝织手工业发达有关联，由于整件玉衣用丝带缀连，故称为“丝缕玉衣”。这件丝缕玉衣，由2291件玉片组成，分头套、面罩、上身衣、两袖筒、两手套、两裤筒和两鞋共11个组合体。整衣的片形及大小是依人体各部位的不同形状而设计的，以长方形、方形为主，还有一些呈梯形、三角形和五边形。头套、手套和鞋所用的玉片加工细致，厚薄均匀，两面光滑润泽，边角都有穿孔，以丝线穿缀，里面再用丝绢补贴加固。身躯部位所用玉片，多利用废旧玉器和边角料切成，故厚薄不一。表面用窄的朱丝带作对角粘贴，组成菱形网格状的地纹，四边再以宽带粘贴成纵横方格，各部位边缘处都以丝织物缝合包边，宛若一套精工细作的高级服装。据介绍，这件玉衣由中国社会科学院考古研究所技术室的白荣金先生，花费了三年时间才得以修复成功。修复后的玉衣，长173厘米、肩宽44厘米，为国内迄今所发现年代较早的一套完整玉衣。

岭南地区迄今已发现的南越国时期墓葬，基本是土坑墓和木椁墓，广州象岗大墓是唯一的彩绘石室墓，也是规模最大、规格最高、随葬物最丰富、墓主身份最显要的陵墓，完整地传递出2000多年前的文化信息、社会信息和生活信息，

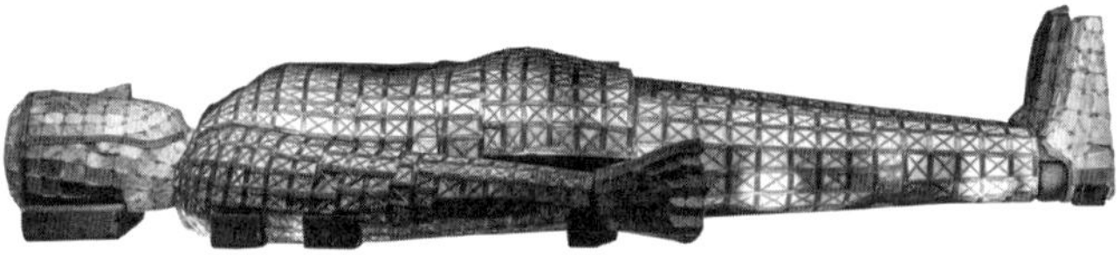

南越王墓出土的丝缕玉衣（出土玉片复原）

为研究岭南地区的早期开发、物质文化发展以及南越国的历史发展等，都提供了重要的实物资料，具有重大的历史、科学、艺术价值。南越王墓的发现和发掘，在中国秦汉考古史上占有极其重要的地位，被誉为近代中国五大考古新发现之一。象岗大墓发掘完成后，广州市政府决定将墓室原地保护，并把古墓周围约1.5万平方米土地划为建设博物馆的用地。1988年，建筑面积17 400多平方米的西汉南越王博物馆正式对外开放，主要展示南越王墓原址及其出土文物。

1995年，为配合广州老城区改造，考古人员在城隍庙一侧的建筑工地进行抢救性发掘，意外地从一堆挖出的灰土中发现了四块嵌着“万岁”字样的瓦当，当即上报广州文物考古研究所。经过钻探勘查，发现了地表下5.8米处一座大型的石砌蓄水池，其面积足有4000平方米左右，水池呈仰斗状，池壁用砂岩石板呈冰裂纹密缝斜下铺砌，多处铺石上刻凿有“蕃”“治”“阅”“皖”“赀”等字样。池底用鹅卵石和碎石平铺，池底东北角发现一根倾倒的巨大叠石柱，池中散落着大量的八棱石柱、石栏杆、石门楣、“万岁”瓦当和板瓦、筒瓦等建筑构件，还有一些印花大砖，可以推测水池当中原来应有建筑物。1996年，又在石水池西面约距23米处发现了一口砖砌食用水井，井台不存，井深尚存9米，井壁用扇形薄砖平砌，井底铺垫5块石板，有5个冒水圆孔，下面还铺有滤水细沙，表明其时人们对饮用水使用就有很高标准。

1997年，考古人员又在旁边的一个建筑工地进行抢救性发掘，在地表下约5米深发现了一处保存得较为完好的人工水景园林遗迹，据推断为南越国宫署内的御花园所在，主要发

南越国宫署遗址出土的四块“万岁”文字瓦当

掘出一条长约180米的曲流石渠，石渠蜿蜒曲折，整体走向由东北而南再折向西，大致呈一个“几”字形，其中筑有急转弯处、弯月池、渠陂、斜口、暗槽、水闸等构造，渠壁用红砂岩石块砌筑，渠底铺有黑色的卵石，渠内各处残留着一些龟鳖遗骸和果核树叶等。经勘查这条石渠与之前发现的石水池相通，流水自石水池处引出，经过石渠后通过木质的暗槽口流入珠江。

由此，考古人员顺藤摸瓜，在邻近的地下连续发现了曲廊、散水、墙垣以及多处殿宇遗迹，出土了大批精致的瓦

南越国宫署遗址出土印花长方砖

南越国宫署遗址出上印花转角砖

当、大砖、石柱、石栏等建筑构件，不少构件上印有“长乐宫”“未央宫”“华清宫”“常御”等印戳。此外又出土了一批记事的木简、陶文，木简上的文字一般为12字，最多的有23字，最少的仅3字，陶文中有王后居所、官署名称之类刻记，如“华音宫”“长秋居室”“中共厨”之类。综合起来，这些遗迹包括宫苑、宫殿、宫墙、廊道几个部分，含有排水系统、水井、水池、水渠等设施，出土文物以砖石、瓦筒、瓦当、栏柱、门楣、门枢等建筑构件为主，另有一批工具、兵器、钱币、动植物遗骨以及木简、陶文、封泥等。根据西汉诸侯王“制同京师”的规定，南越王宫的建筑布局是依照长安城建造的，“长乐宫”“未央宫”“华清宫”等印戳，与史书记载的长安城宫殿名称吻合，再结合木简和陶文的记录，如此种种，南越王宫跃然而出。

南越国宫署遗址面积约15万平方米（后扩展到约40万平方米），遗址内不仅有南越国的宫苑、宫殿遗迹，还有南汉国的宫殿和池苑遗迹，证实五代十国时期的南汉国宫城也于此处。另外，这里还有着自秦朝统一岭南以来共十二个历史时期的文化遗存，按朝代自下至上分别为秦、西汉、东汉、西晋、东晋、南朝、唐、宋、元、明、清、民国，在厚达五六米的文化层中，包含了秦代造船遗址、南越国宫殿宫苑、西汉和东晋排水渠、唐代官署主体建筑、五代南汉国宫殿和苑池、宋代官署建筑、南宋台基式建筑基址、元代建筑基址、明清水井及井台、清代广东布政司署建筑、民国永汉

南越国宫署遗址曲流石渠

公园等遗迹。这些遗迹层层相叠，充分表明这里也是历朝历代郡、县、州、府的官衙所在地，素来都是广州乃至岭南的政治、经济、文化核心，如同一部无字的编年史书，见证了广州城市建设2000多年的发展历程。

南越国宫署遗址的发现，是岭南地区考古方面的重大突破，被评为“中国十大考古发现”之一，其中的宫苑园林水景遗迹，又被认定为“目前我国发现年代最早的宫苑实例”，是中国现存最久远的园林遗迹和岭南园林的源头。2009年，广州市政府决定在遗址范围内建立南越王宫博物馆，划定5.2万平方米的核心保护区，划分15层遗址文化层；2010年，被评为世界建筑精品的南越王宫博物馆开始实行免费局部开放，主要展示南越国王宫御苑遗迹、遗物，还可以通过录像和导览系统了解考古发掘的情形，观赏珍贵的出土文物，亲临考古现场感受历史信息。

2000年，于广州老城区北京路繁华地段的一处在建商城地下，发现了一个古老的水闸遗址。据考古发掘认定，这是南越国时期的一个城市给排水工程设置，俗称“水关”。古水闸位于临近珠江北岸的南越国都城南城墙墙基上，木结构，自北向南，闸口宽5米、南北长35米，呈“八字形”敞开，面积约903平方米。整座水闸分引水渠、闸室和出水渠三部分，具有防潮、泄洪、引水多重功能，当珠江潮水上涨时，放下闸板防止潮水倒灌入城；而洪水季节则打开水闸，将城中废水排出；城中缺水时，提起闸板又可汲江水入城内。其功能与现代水闸的功能基本相同，并且在建闸材料的选择、松软地基的处理、总体布局、泄流和闸室稳定处理等方面都与现代的建闸原理基本相符，反映出当时的水闸建造在总体上已达到相当高的水平。

南越国水关遗址是中国城市考古发现时代最早、规模最大、保存最好的一处木构水闸遗址。发掘工作完成后，广州市政府决定原地保护，将商城地下开辟为遗址博物馆。2007年，西汉南越国木构水闸遗址博物馆开始公开展出，成为中国第一个在公共商业区内受到保护并开放展示的文物。

西汉南越王墓、南越国宫署遗址、南越国木构水闸遗址，组成了“南越国遗迹”的三大遗址，被誉为“打开了岭南历史文化的宝库”。1996年，南越王墓、南越国宫署遗址同时被国务院公布为“第四批全国重点文物保护单位”；2006年，南越国木构水闸遗址被公布为“第六批全国重点文物保护单位”，同年南越王墓、南越国宫署遗址、南越国木构水闸遗址一同被列入“中国世界文化遗产预备名单”；2021年，南越国宫署遗址和南越王墓，同时入选中国“百年百大考古发现”项目……

迄今已发现的南越国遗迹，主要集中在广州及周边地带，以南越文王赵胡墓、南越国宫署遗址、南越国木构水闸遗址为代表，还有广州城外发掘的一些南越国臣民墓葬，再有就是在广州传统城区周围多个地点发现的南越国时期灰沟、水井等生活遗存。此外，广西贵港罗泊湾发掘的两座汉墓（称罗泊湾一号墓、二号墓，一号墓于1976年发掘，二号墓距一号墓约1公里，于1979年发掘），也被视作南越国时期较为重要的遗迹，据考证认为墓主或为“南越国侯王及其配偶”，很可能是南越国分封的西瓯族首领西于王及其夫人的陵墓。其他还有分布于今两广地区及越南境内的一批墓葬、城寨遗址、汉窑遗址，如广西贺州的金钟一号墓和桂林的秦城遗址，广东韶关的横浦关、阳山关、赵佗城遗址等，都以若隐若现或鲜明充分的线索为依据，指向那个在岭南大地上曾叱咤风云的南越古国。

1976年，广西贵县（今贵港）化肥厂扩建厂房，于罗泊湾大坡岭施工，在地底下挖出鎏金车马器。广西博物馆迅速派出考古人员赶赴现场，经勘查认定下面埋藏着大型古墓。随后，通过发掘，确定这是一座大型竖穴土坑木椁墓。该墓椁室结构复杂，用木板分隔成前、中、后三室，前室和中室又各隔成三部分，后室隔成六部分。共有漆棺三具，尸骨已朽，可能是夫妇或亲子合葬。在椁室底板下，有七个殉葬坑

南越王博物院（王宫展区）外景

和两个器物坑。可惜椁室先前曾被盗掘，大批随葬品丢失，但仍出土不少文物。器物坑保存完好，坑内埋藏有铜器、铁器等物。另外在墓道东侧有一长方形车马坑，内有铜车马器30多件。最终，从墓内共起出随葬品1000余件，包括铜铁器、陶器、玉石器、漆木器及各类南方植物种实等，一部分器物形制与中原地区出土的相同，有可能是从中原来的，另一部分器物造型富有地方特色，应是当地所造。

在出土的文物中，有不少均是珍贵文物，其中一面翔鹭纹铜鼓被评为国宝级、国家一级文物。另有一件木牍“从器志”尤为珍贵，“从”指跟随，“器”指器物，“志”指记，“从器志”即为随葬品的记录清单。这份“从器志”，长38厘米，宽5.7厘米，墨书隶体契刻，共372个汉字，19个符号，内容包括衣、食、用、玩、兵器等项，品类70余种。据种种迹象推测，墓主可能是南越国桂林郡的最高官吏，也有人认为是西瓯君，即南越国分封的西于王，还有一种观点认为有可能是苍梧秦王赵光。

在历史的滚滚烟尘中封存已久的南越国，终于再次浮现于世人的视野，尽管只能在远远不算完整的遗迹中窥斑见豹，但一个古老王国的雄伟身影，无疑已越来越清晰地从时空深处走来，得以跨越多个时期而重焕光彩，也意味着一个时代的重生。毫无疑问，南越王墓、南越国宫署遗址等的相继发现，将众多的目光再次拉向那个模糊久远又永不消逝的神秘古国，深入了解那段斑驳陆离又跌宕起伏的遥远史事，重新打量那个开拓和影响了岭南历史、文明进程的光辉时代，主动展开由古及今、承前启后、继往开来的叩问及思考。

南越国的建立和发展，是岭南地区由荒蛮转向文明的重要转折，蕴含着岭南地方和社会发展的众多源头，包括早期的开发和治理，地域、环境的变迁和城市的建设，文明及文化的形成，风气及风尚的萌发等，有不少今天已鲜为人知但却深深嵌入岭南记忆并一直沿袭下来的历史典故、风俗秘闻、文化密码、精神烙印。在那个今天已无从想象的荒蛮岁月，南越国开创了岭南一个具有启蒙意义的时代，奠定了岭南敢为天下先的精神方向，在这个时代和方向的促使之下，岭南一步步地走出蒙昧的沼泽，迈过文明的荒漠，奔向世界的原野，一路绽放夺目的光彩。历史发展证明，从南越国时期开始，岭南逐渐从封闭走向前沿，从固守走向开放，以不断开拓创新的行进步伐，持续书写着时代和社会发展的一方传奇。

一个时代的重生，不是历史的沉湎，而是精神的继承；不是短暂的梳理感悟，而是永恒的延续提升。南越国作为历史深处的一个国家早就尘埃落定，但由南越国而开启的岭南文明，却像因地制宜或者择地而生的草木一样在这一方水土落地生根，蓬勃生长，开枝散叶，生生不息。

2022年10月　定稿

附录

南越国历史背景和大事年表

公元前214年，秦始皇三十三年，任嚣、赵佗率军平定百越，岭南纳入秦朝版图。

公元前203年，秦朝灭亡，楚汉相争。赵佗在岭南建立南越国，称南越武王，定都番禺。

公元前202年，楚汉之争结束，汉王刘邦登皇帝位，称太祖高皇帝，汉朝正式建立，定都长安。

公元前196年，汉高祖刘邦派陆贾出使南越，南越国成为汉朝的藩属国，汉越互通。

公元前184年，汉朝由吕后临朝称制，采取“别异蛮夷”政策，对南越国实行经济封锁。

公元前183年，赵佗宣布自立为帝，号南越武帝，公开与汉朝对抗，并出兵攻打长沙国。

公元前181年，吕后派大军征讨南越国，汉军未能逾越南岭。赵佗趁机“以兵威边”，收服相邻的闽越、夜郎等国，将国境扩展至东西一万余里。

公元前179年，汉文帝二年，陆贾第二次出使南越，汉越重修于好。赵佗对外去除南越国帝制，对内仍私下称帝。

公元前137年，赵佗逝世，享年约103岁，在位67年。其孙子赵胡继位，称南越文王，又称南越文帝。

公元前135年，汉武帝建元六年，闽越国入侵南越国，南越文王赵胡上书汉武帝请求朝廷出面干预。

公元前122年，南越文王赵胡去世，在位16年。其子赵婴齐继位，称南越明王。

公元前113年，南越明王赵婴齐去世，在位约10年。其次子赵兴继位，为南越四主。

公元前113年，汉武帝元鼎四年，南越四主赵兴在其母樛太后授意下主动向汉朝廷请求由“外属国”转为“内属国”。

公元前112年，南越国丞相吕嘉发动政变，诛杀赵兴和樛太后，另立赵婴齐长子赵建德为王，赵建德成为南越五主。

公元前112年，汉武帝集结十万大军分五路征讨南越国。

公元前111年，汉武帝元鼎六年，南越国灭亡，岭南被纳入汉朝版图。

主要参考书目

[1]班固. 汉书[M]. 北京：中华书局，1962.

[2]陈泽泓. 广府文化[M]. 广州：广东人民出版社，2012.

[3]陈泽泓. 岭南文化概说[M]. 广州：广东人民出版社，2013.

[4]方志钦，蒋祖缘. 广东通史[M]. 广州：广东高等教育出版社，2007.

[5]高敬. 岭南文化[M]. 北京：时事出版社，2013.

[6]古方. 图说南越王墓：白云生处的帝乡[M]. 重庆：重庆出版社，2006.

[7]顾祖禹. 读史方舆纪要[M]. 北京：中华书局，2005.

[8]胡守为. 岭南古史[M]. 广州：广东人民出版社，2014.

[9]黄淼章. 南越国[M]. 广州：广东人民出版社，2004.

[10]梁廷枬. 南越五主传及其它七种[M]. 广州：广东人民出版社，1982.

[11]麦英豪，王文建. 西汉南越国寻踪[M]. 杭州：浙江文艺出版社，2011.

[12]南越王宫博物馆. 南越国宫署遗址：岭南两千年中心地[M]. 广州：广东人民出版社，2010.

[13]屈大均. 广东新语[M]. 北京：中华书局，1985.

[14]阮元. 广东通志[M]. 上海：上海古籍出版社，1990.

[15]司马迁. 史记[M]. 北京：中华书局，1982.

[16]王子今. 秦汉边疆与民族问题[M]. 北京：中国人民大学出版社，2011.

[17]吴凌云. 赵佗[M]. 广州：广东人民出版社，2010.

[18]许智范，肖明华. 南方文化和百越滇越文明[M]. 南京：江苏教育出版社，2005.

[19]叶曙明. 广州传[M]. 广州：广东人民出版社，2020.

[20]岳南. 越国之殇：广州南越王墓发掘记[M]. 北京：商务印书馆，2012.

[21]张荣芳，黄淼章. 南越国史[M]. 广州：广东人民出版社，1995.

[22]赵善德. 先秦秦汉时期岭南社会与文化考察[M]. 广州：暨南大学出版社，2014.

[23]中国秦汉史研究会，中山大学历史系，西汉南越王博物馆. 南越国史迹研讨会论文选集[M]. 北京：文物出版社，2005.

[24]中国社会科学院考古研究所，广州市文物考古研究所. 西汉南越国考古与汉文化[M]. 北京：科学出版社，2010.

后记

起承转合南越国

“起承转合”是一种古老而传统的作文形式，起即开头，承即承接，转即转折，合即结束。我有意套用这一经典的结构来展开对古南越国的写作，但并非完全出于谋篇布局的考虑，更是试图以此设置一个隐喻或对应。在我看来，南越国就是一部岭南最初的篇章，是岭南大地冲破混沌、万物滋长的开卷之作。从历史现实和文学角度来看，岭南迄今发现的最早一篇文章，也正是出自南越国时期，即为南越王赵佗写下的《报文帝书》。这篇书信体文章被认为是岭南文学的开山之作，是一篇集政治性、社会性、文学性于一体的散文。

南越国诞生于大秦王朝走向灭亡的时刻，在西汉王朝尚未正式建立的空隙应运而生，又在西汉的政治夹缝中屹立了将近一百年。应该说，南越国的发展并不只是一个封建王国的孤立存在，还有一个特别地区的地方样貌、社会经济等多方面的萌发转变，相对于岭南文明文化而言有着源头、开篇这样的意义。南越国将近百年的历史，也是岭南社会由蛮荒走向文明、由封闭走向开放的初期进程，岭南由此呈现新的气象和秩序。南越国在起承转合之间结束了一代王国的命运，但那些回荡于这一片土地的传奇和影响经久不散。

南越国虽然在两千多年前的岭南地区一度风云激荡，但在中国历史的宏大背景上，其实是若有若无、若隐若现的，充其量不过是嵌在秦汉时代缝隙中一粒微珠。在历史的记载中，南越国更多的是被忽略、遗忘或散佚，人们对这个无论是政治位置还是地理位置均偏于一隅的古老王国知之甚少。一直以来，尽管有不少专家学者致力于钩沉南越国历史，新时期的南越国考古也成为国内考古的重大发现，但关于南越国的完整史实，关于南越国的烛照影响，却并不是那么清晰可辨。然而，行走在今天的岭南大地上，或许一不小心就会触碰到一个古老的印记，一不留神就会倾听到一个遥远的回声……我承认我曾多次陷入这样的时空恍惚，这不是梦幻的穿越，而是真实的呼应。

弥漫在南越国历史烟云之间的，有许多生动有趣的事例，这些事例与今天的社会现实气息相通，比如地方变迁、文化生成、精神影响等，具体到语言、习俗乃至饮食起居。例如粤语的形成，多数人的反应可能会是源自南方俚语之类，但其实是来自古老而纯正的中原汉语，

普遍的说法是雅语，即起于周朝的雅言，是中国最早的官方语言。秦朝“南平百越”后，将中原地区通行的“雅语”规定为全国统一的语言，由此雅语在南越之地落地生根，并与土著越人的土语产生极小的局部混合，流传下来竟成为岭南大部分地区的特有语言。

秦朝统一岭南后，设置南海郡，郡治设于番禺。南越国建立后，仍设置南海郡，都城设于番禺。这里的南海和番禺，与今天的南海和番禺很容易产生混淆，然而二者却风马牛不相及。广州建城的历史，据考证认为始于番禺城，然而应该知道“广州”这一名称出现于三国东吴时期。秦朝至南越国，番禺就是一个商业发达之地，《史记》《汉书》均将

其列为当时商贾活跃的通都大邑之一。可以说从那时起就奠定了广州乃至岭南的商业色彩，岭南文化中有一个显著的特征“重商性”，也正是起源于此。南越国时期已开辟了海上通商航线，汉武帝平定南越后以这条海上航线为基础，开拓了举世闻名的“海上丝绸之路”。

今天广州的“花城”之称，实际上始于现代。但广州人与花卉的亲密接触，至少在南越国时期就能找到踪迹，那时广州人就喜欢栽培花木，并广泛引入来自异域的奇花异草。据传西汉名臣陆贾出使南越国时，为迎合南越人喜好，就带来了素馨和茉莉花种子，在番禺广为种植。现今广州的“芳村”“花地”（初为“花埭”）等地名，均是由于本地种花养花、卖花买花蔚然成风而得以形成。

岭南佳果的千载美名，同样可以追溯到南越国时期。由于引入了中原的先进生产工具和技术，南越国的农业耕作开始走向兴盛，同时兴起了苗圃业，出现了不少人工培植的瓜果，如柑橘、桃、李、荔枝、龙眼、橄榄、木瓜、杨梅等，尤其是荔枝，成为不可替代的水果珍品。据史料记载，南越王赵佗在向汉室奉诏称臣之后，不时向汉朝廷纳贡献宝，其中就曾包括荔枝、龙眼等岭南特有的水果。

以上种种，对于南越国的历史演变来说不过是一些边角料，但不能不说是那样引人入胜，也更为传扬不衰，它们构成了南越国和古代岭南蔓延而来的气脉。是的，南越国作为一个维持了将近百年的封建王国早就烟消云散，但这些隐藏在历史边角的事物，却沿袭影响千年，至今依然栩栩如生。反过来说，假如我们不是深入探询南越国的历史，也许对这些可能遇见的事物就会茫然不明。读史不光是知史，还有见古今，见流转，有些时候，历史的一个细微之处，可以触动万千情愫。

我对南越国史事的投入关注，始于一个偶然的机缘。2017年初，一位做房地产的朋友建造一个新楼盘，大概是开发的地块有南越国缥缈的踪迹，因此他打算以南越国文化作为一个亮点或噱头。可能由于我有着房地产策划的从业经验，又是一个长期的写作者，因此他邀请我撰写一份简略的南越国史传，并为我购买了一批相关的书籍。其时，我刚刚由广州五羊邨搬迁至广州、佛山两城交接之处，在一个农贸市场的天台上安置下来，随即投入了对南越国历史的楼书式书写。也正由于这一因缘，我将自己打造的天台居所命名为"南风台"，有"岭南风气"这样的含意。事实证明我主动陷入了圈套，"楼书"完成之后，我对南越国史事的兴趣与日俱增，欲罢不能。

在随后几年，我又找来了一批与南越国、岭南文化、岭南古史等相关书籍，同时多次探访南越王墓、南越王宫等南越国遗迹，观看有关的展览和影像，并在初稿的基础上断断续续地补充修改，几易其稿，历经四稿才终于完成了这一部《开篇岭南》。期间，我一次又一次地受到线索的牵引，不由自主地奔向未明与发光之处，不断地遭遇失落和惊喜，有不少内容片段是在偶然一闪或者一念之间追踪而来的，搜集考证纷繁复杂，梳理书写头绪万千，整个过程艰辛而愉悦。感谢在此过程中向我提供资料、书籍及交给我耳朵、意见的朋友们。

《开篇岭南》较为全面地挖掘并还原了古南越国将近百年的历史风云，由岭南的地理概念、土著族群展开，从秦平百越、南越立国、南越中兴一直延伸到南越国灭亡、岭南划入汉朝版图，包括南越国建立前后的历史背景和地方背景，涉及秦王朝、西汉王朝及各个诸侯国与之交叉的一些历史事件。请允许我在此表露一下小小的自得，我私下认为，这部书有着一个不可忽略的亮点，即在以散文化书写南越国历史的同时，致力去传递岭南的先声。当然，限于本人的能力才识，书中不免存在一些模糊、疏漏、不达之处，期望得到读者、方家的不吝指正。

最后，感谢南方日报出版社对这部书稿的垂青，同时还要感谢《广州文艺》曾连续四期选登这部书稿的部分章节。